国家社会科学基金教育学一般课题
"基于学习成果评价的中国大学生高阶思维能力发展状况研究"
（课题批准号 BIA190182）研究成果

基于学习成果评价的
大学生高阶思维能力的测评与发展研究

杨翊 / 著

吉林大学出版社

· 长春 ·

图书在版编目（CIP）数据

基于学习成果评价的大学生高阶思维能力的测评与发展研究 / 杨翊著 . -- 长春：吉林大学出版社，2025.
1. -- ISBN 978-7-5768-3710-0
Ⅰ . G649.2
中国国家版本馆 CIP 数据核字第 2024YX9738 号

书　　名：基于学习成果评价的大学生高阶思维能力的测评与发展研究
　　　　　JIYU XUEXI CHENGGUO PINGJIA DE DAXUESHENG GAOJIE SIWEI NENGLI DE
　　　　　CEPING YU FAZHAN YANJIU

作　　者：杨　翊
策划编辑：李承章
责任编辑：周　鑫
责任校对：李承章
装帧设计：云思博雅
出版发行：吉林大学出版社
社　　址：长春市人民大街 4059 号
邮政编码：130021
发行电话：0431-89580036/58
网　　址：http://www.jlup.com.cn
电子邮箱：jldxcbs@sina.com
印　　刷：北京北印印务有限公司
开　　本：787mm×1092mm　　1/16
印　　张：12.25
字　　数：180 千字
版　　次：2025 年 5 月　第 1 版
印　　次：2025 年 5 月　第 1 次
书　　号：ISBN 978-7-5768-3710-0
定　　价：68.00 元

版权所有　翻印必究

目录

第一章 绪 论 ·· 01

第一节 学习成果评价是高等教育质量保障的重要内容 ············ 01

第二节 高阶思维能力是大学生的核心学习成果 ···················· 03

第三节 大学生高阶思维能力测评与发展研究动态分析 ············ 05

第四节 中国大学生高阶思维能力测评与发展研究方案 ············ 10

第二章 CCHA 的本土化开发 ··· 15

第一节 思维能力测试开发的科学化和本土化 ······················· 15

第二节 CCHA 的测试蓝图 ·· 17

第三节 CCHA 的试卷编制 ·· 24

第四节 CCHA 的样卷及解析 ·· 26

第三章 CCHA 的质量验证与等值方案设计 ························ 69

第一节 测试质量验证 ·· 69

第二节 试题质量验证 ·· 74

第三节　等值方案 …………………………………… 76
　　第四节　增值计算 …………………………………… 81

第四章　基于 CCHA 的大学生高阶思维能力发展研究 …… 83
　　第一节　测试样本 …………………………………… 83
　　第二节　CCHA 常模和等级标准 …………………… 96
　　第三节　中国大学生高阶思维能力发展状况 ……… 100

第五章　大学生高阶思维能力发展影响因素研究 ……… 107
　　第一节　Y 大学学生学习投入问卷 ………………… 108
　　第二节　大学生学习投入对高阶思维能力的影响 … 111
　　第三节　培养建议 …………………………………… 121

第六章　基于学科测试的大学生思维能力研究 ………… 125
　　第一节　客观性测试的认知诊断研究 ……………… 126
　　第二节　主观性测试的考生认知技能分析 ………… 142

第七章　研究不足与研究展望 …………………………… 171

参考文献 …………………………………………………… 175

第一章 绪 论

随着社会各界对高等教育质量的日益关注,大学生学习成果评价的优势逐步凸显。目前,大学生学习成果评价已经成为高等教育评估研究中的热点问题。它着重从高等教育的产出环节对高等教育质量进行评价,具有直接、高效等特点。本章的前三节,我们将重点介绍本书的研究背景——大学生学习成果评价和大学生高阶思维能力测评。第四节,我们将提出本书的研究问题、研究内容和研究方法。

第一节 学习成果评价是高等教育质量保障的重要内容

大学生学习成果评价的核心理念是通过对大学生学习成果的测量来评价高等教育质量。也就是说,这种评价改变了以往注重从教育过程、教育条件等来评价高等教育质量的视角,而着重从学习成果来对高等教育质量进行评价。随着学习成果评价成效的凸显,大学生学习成果评价已经成为各国高等教育质量保障体系中的重要内容(周海涛,2008)。

从概念上看，大学生学习成果评价指的是为监测教育教学成效、促进大学生个体发展而运用一系列测评方法对大学生的学习成果"证据"进行收集、分析、判断、评价的过程。这种评价方法的优势主要体现在以下几个方面。首先，学习成果评价有助于高等院校明确教育目标。高等院校可以通过设定清晰、具体的学习成果来指导教学活动。明确的学习成果有助于教师设计更有针对性的课程，并引导学生的学习行为。其次，学习成果评价为教育质量评估提供了客观的数据基础。通过系统地评估学生的知识、技能和能力，高等院校可以了解自身教育目标的实现情况。再次，学习成果评价的结果是高等院校教育教学活动改进的依据。学生学习成果评价多通过量化的方法对学生的学习成果进行测量，这种评价方式为教师和学生提供了直观的学习成效的"证据"。这些"证据"是高等院校教育教学活动的有效反馈，教师可以根据这些反馈不断反思和改进教学方法，从而提升教育质量。最后，学习成果评价提高了高等教育系统的透明度。大学生学习成果评价通过系统的评价过程向学生、家长、雇主和社会等高等教育的利益相关者展示其教育质量。这不仅增强了教育机构的信誉，也提高了各方对教育结果的信任。正如美国学者 Ewell（2002）所述，"大学生学习成果评价可以给出高等教育的产品——学生的质量'证据'，这项'证据'暗示着决策和支持的背景，决定着利益相关者投资的必要性，提供了院校需要改善的信息。"

大学生学习成果评价的方法有很多种，按照评价主体大致可分为两类：一类是以学生自身为评价主体，主要通过调查问卷等自我报告的形式进行的大学生学习经历、学习投入以及对教学的满意度等方面的调查；另一类是以第三方评估机构为评价主体，主要通过考试等客观评价方式进行的大学生学习成果测试。早在 20 世纪末，美国就已经开始实施大学生学习成果评价。现在，在美国高等教育实行"问责"（accountability）制的大环境下，大学生学习成果评价变得越发重要。具体执行高等教育评估的美国六大地区高等教育委员会明确要求参加评估的高等院校必须提供可能证明教学成效的学习成果证据。工程等专业的委员会也同样要求参加认证的专业提供学习成果证据。除了美国，大学生学习成果评价也在国际上得到了广泛的认可。加拿大、澳大利亚、英国、瑞士等国也开始关注大学生学习成果，实行大学生学习成果评价。世界上一些比较著名的高等教育研究机构、第三方高等教育评估机构等也设立众多项目进行相关研究和实践。一些处于领导地位的国际组织开始尝试通过设立一些以学习成果评价为中心的项目，推进国家之间和某一特定领域之内的学习成果乃至高等教育的互认（程星，2008；Klein，2008）。近年来，我国高等教育界对大学生学习成果评价的关注度也日益提高，一些研究机构设立了大学生学习成果评价的研究项目，尝试学习成果评价方面的实践，如厦门大学的"大学生学习情况调查"项目，清华大学的"中国大学生学习与发展追踪研究"项目等。

第二节 高阶思维能力是大学生的核心学习成果

当今社会，人工智能迅猛发展，知识迭代再次加速，教育到底应该培养学生怎样的能力，成为近年来世界各国关注的热点问题。对高等教育来说，大学生高阶思维能力（higher-order thinking skills，简称HOTS）正受到前所未有的关注。

高阶思维能力是教育学领域提出的概念，提出这一概念的目的是使教师在教育教学活动中更关注学生分析、评价、创造等复杂思维能力的培养而非具体知识的简单记忆或是程式化的学习（Jennifer，2013）。高阶思维能力包含多种类型，国外学者 Butler（2012）和我国学者钟志贤（2004）等明确提出，批判性思维、创造性思维、反思性思维、有效推理、分析性探究、问题解决等都属于高阶思维能力。一些学者还分析了这些概念与学界常提到的认知、思维等上位概念间的关系。在人脑信息加工体系中，认知是一项范围比较大的概念，它指人脑对信息的接收、加工、储存和应用，它覆盖知觉、记忆、注意、思维和想象等多个方面。思维是认知的下位概念，指借助语言实现的、能揭示事物本质特征及内部规律的认知过程（NCREL，2009）。高阶思维是思维的下位概念，它由复杂度较高的认知过程构成。同时这些认知过程的不同组合又形成了不同类型的高阶思维，如批判性思维、分析性推理、反省思维等。

高阶思维能力具有如下特点：第一，高阶思维能力是在较高认知层次上发生的信息加工活动；第二，它常被应用在新的或较复杂的情境中；第三，高阶思维能力具有难度高、复杂性高、抽象性强、规范性弱、独创性高等特性；第四，高阶思维能力与学习有密切的关系，它涉及新信息与记忆中储存的信息相互关联、建构等过程，有些学者认为一些自主的心智过程也会发生在高阶思维中。基于这些特点，一些学者提出高阶思维能力的发展是大学生学业成功的关键，也对他们未来的职业发展有深远的影响。

目前，多国政府已经明确提出，培养学生的高阶思维能力是高等教育的主要目标。众多高等教育研究机构提出的学习成果框架都把高阶思维能力列为大学生的核心学习成果。例如，美国大学与学院联合会的《VALUE评价准则》（《Valid Assessment of Learning in Undergraduate Education》）、美国全国学习成果评价委员会的《学位资格轮廓》（《The Degree Qualification Profile》）、美国高等教育标准促进委员会的《CAS学习和发展结果框架》（《CAS Learning and Development Outcomes》）和"21世纪技能的教育与测评"项目组的《21世纪技能》（《Assessment and Teaching of 21st Century Skills》），等等。这些学习成果框架都对大学生应当在高等教育中达到的高阶思维能力水平进行了详细的描述。近年来，我国高等教育也越来越重视学生高阶思维能力的培养，很多文件中都提到了注重学生高阶思维能力的培养。学界对学生高阶思维能力的研究也在增加。教育部"一流课程"评价标准中更是明确提出课程的"高阶性"，所强调的就是通过课程教学培养学生的高阶思维能力。

第三节 大学生高阶思维能力测评与发展研究动态分析

随着高等教育各利益相关者对大学生高阶思维能力培养的关注，大学生高阶思维能力的测评和发展研究也开始得到学界的重视。目前大学生高阶思维能力的测评形式主要为大学生学习成果测试。国际上一些著名的高等教育研究机构都开发了相关测试。基于这些测试，学者们围绕着"大学生高阶思维能力发展"这一主题完成了很多研究。本节，我们将对这一领域的测试与研究进行梳理和总结。

一、大学生高阶思维能力的测评

国外的教育研究机构对大学生高阶思维能力测评关注较早。特别是19世纪末至20世纪初，大学生学习成果评价的兴起进一步促进了大学生高阶思维能力测试的研发。目前主要的大学生高阶思维能力测试多为大学生学习成果测试，具体包括以下几种：

大学学习评估测试（CLA+），由美国教育援助理事会（CAE）于2003年研发，是美国乃至全世界用户最多的大学生学习成果测试。CLA+的测试内容是批判性思维、分析性推理、问题解决和书面交流等，测试包含表现性测试和客观题测试两个部分。在全世界范围内有超过700所高等院校使用这项测试监控教学质量、获取认证和评估证据。ETS水平轮廓测试（EPP），由美国教育考试服务中心（ETS）研发，其前身为MAPP，是目前测评历史最长的大学生学习成果测试。EPP

为客观性测试，题目形式为选择题，主要考查学生阅读、批判性思维、数学、写作四种能力。EPP 完整版共 108 道题，分为两个部分，试题形式为根据所给的材料回答问题。题目内容兼顾四种能力的考查与人文科学、自然科学、社会科学三方面间的均衡。目前，使用这项测试的院校已经达到了 500 多所，累积数据也达到了 55 万之多。大学学业水平评估测试（CAAP），由美国最有影响力的考试公司之一 ACT 开发。CAAP 共分为六个相互独立的模块，分别是阅读、写作技巧、数学、科学、批判性思维和写作。阅读、写作技巧、数学、科学、批判性思维五个模块为客观选择题测试，写作模块为主观题测试。用户可以根据自己的需要选择测试的模块，同时 CAAP 也可以为不同地区的用户增添测试内容。HEIghten™ 学习成果测试组是 ETS 在 2014 年最新推出的大学生学习成果测试。该测试包括五项单独的测试：批判性思维能力测试、数量计算能力测试、写作测试、公民责任能力测试和跨文化能力测试。从该项测试推出以来，因其具有紧扣核心学习成果、形式灵活、试题多样等特点受到了众多高等院校的欢迎。这几项测试在具体内容、测试形式、测试方式等方面各具特点，它们的用途比较相似，一方面为高等院校提供完成国家高等教育评估和认证任务所需要的办学成效证据；另一方面也帮助院校监控教学质量、提供与同类院校常模对比的量化分析，帮助高等院校发现通识教学中的优势与弱势。这些测试也面向学生，可以用来帮助学生找到自己在核心课程学习中的不足，以便及时修正，为进一步的学习打好基础。

我国在这一领域的研究也方兴未艾，从现有的文献看，对国外的引介研究相对较多，实践研究则相对较少。从当前的情况看，我国高校使用的大学生学习成果测试工具主要分为三类。第一类是国外知名测试的汉化版，例如，汉化版的 EPP、汉化版的 HEIghtenTM 等。这类测试通常由国外的专业团队研发，其特点是科学性较强且相对比较成熟，但是由于这类测试研发时采用的语言为英语，而思维与语言、文化密切相关,因此这类测试即便经过汉化,对我国大学生来说,也存在着一定的文化隔阂(周廷勇,2009)。同时,这类测试通常收费较高,使用的成本较高。第二类是国内一些学者在一些大型研究中开发的思维能力测试(马彦利等,2012)。这类测试虽然极少,但为我国的相关研究奠定了重要基础。然而,由于这类研究的目的不是开发测试工具,且不是公开测试,因此在研究结束后这类测试通常不能够再继续使用。第三类是一些学者针对某一具体研究问题设计的小型思维能力测试。这类测试一般针对性强,试题量较少,仅为解决某一具体问题。而且,这类测试大多没有遵循标准的测试开发程序,故测试的科学性、连续性均无法保证,严重制约了这类测试的可推广性。因此可以说,针对我国大学生学习成果的高阶思维能力测试工具,特别是公开的、高质量的标准化测试还是非常缺乏的。

二、大学生高阶思维能力的发展研究

大学生学习成果测试的成熟也促进了中外学者对大学生高阶思维能力发展的研究。目前学界在这方面的研究主要集中于对大学生高阶思维能力发展影响因素的研究,以及教学方法的研究。

国外学者在这一方面的研究与实践都起步较早。在大学生高阶思维能力发展影响因素研究方面,主要的研究如下。James(1987)通过实证研究发现,大学经历的确可以提高学生的批判性思维能力。Ernest(1996)认为,高等教育的确会对学生的批判性思维产生积极影响,且学生的入学年数会对批判性思维产生显著的积极影响。全日制大学生比非全日制大学生具有更高的批判性思维水平。Alan(2003)在对1991—2000年的8项研究进行元分析时也发现,学生参与师生互动、同伴互动、校园活动和就业等互动性教育活动,会对学生的批判性思维产生积极影响。Yee Wan 和 Angela(2015)通过构建结构方程模型发现,建构主义学习环境对批判性思维能力具有直接影响,并在动机信念和认知策略的调节下具有间接影响。Nurika等人（2020）通过案例分析发现，教师在课堂上会使用低阶问题和高阶问题，而偏向记忆的低阶问题要远远多于要求学生具有独立思考和推理能力的高阶问题，这会限制学生批判性思维能力的发展。Kuh（2008）强调，学生参与度高的学习环境能够显著提升其批判性思维和问题解决能力。关于教学方法方面的研究也比较多。Biggs（2003）指出，自我评估和同伴评估有助于学生发展自我反思和批判性思维能力。Hattie（2009）指出，整合课程能够帮助学生建立知识之间的联系，提高综合分析和创新能力。Mike等人（2009）通过元分析发现，沟通技能课程，如公开演讲课、论证、辩论和讨论课，以及模拟法庭都可以显著提高学生的批判性思维能力。Yadav等人（2011）发现，通过案例教学，工程学学生在分析和解决复杂问题方面的能力显著提高。Johnson等人（2014）发现，合作学习能够显著提高学生的沟通能力和团队协作能力，同时促进高阶思维的发展。Kaili等人（2021）通过实验进一步证明了深度学习方法在学习因素和学生高阶思维能力之间的中介作用。这证明了深度学习方法可以直接或间接地提高学生的高阶思维能力。

　　国内学者对大学生高阶思维能力发展研究起步略晚，但近年，这一领域的研究在迅速增加。我国学者对大学生高阶思维能力的研究先从教学领域切入。钟志贤（2004）从基本假设、高阶学习、知识建构和问题、任务设计等四大方面论述了促进学习者高阶思维发展的教学设计假设。朱新秤（2006）提出，学生批判性思维的培养，可以从教学文化的建设、元认知训练、对话式讨论、案例教学等方面进行。卢丽虹和田夕伟（2007）从外语学习的角度讨论了大学生批判性思维能力的培养。沈之菲（2011）讨论了课堂教学中的学生高阶思维能力培养。吴飞飞和佟雪峰（2017）探讨了课堂提问中存在的问题和不足，以及课堂提问对发展学生高阶思维能力的重要价值和意义，并分别从课前的问题设计、课中的方法策略和课后的归纳反思三个方面提出培养学生高阶思维的策略。近年，我国学者对大学生高阶思维能力发展影响因素的研究也逐渐增多。梅红等（2018）提出，学术多样性经历、社交多样性经历均对批判性思维倾向发展产生显著正向影响，两者在对认知成熟度、认知推理、求知欲发展上的影响程度不同；性别、学科类型、学业水平等因素影响批判性思维倾向的发展。乔爱玲（2020）分析了学习者学习风格的差异对于批判性思维发展的影响。研究发现，信息加工和信息感知学习风格对批判性思维倾向影响显著，信息感知学习风格对批判性思维的系统性和自信性影响显著。唐旭亭和郭卉（2020）提出师生互动质量也会通过影响学生的课程学习投入、学业期望和课外专业活动的参与，从而使学生的批判性思维能力产生增值。张青根和唐焕丽（2021）发现，大学教育中的学校层次、学科差异都会使学生批判性思维能力的增长产生差异，且本科生的思维能力增长存在边际递减效应，即初始批判性思维能力越高的学生，增长幅度越小。

通过对文献的调研，我们发现国内外学者对大学生高阶思维能力发展的研究存在一定共性。对于大学生高阶思维能力发展的影响因素，国内外的研究都是从教学方法、学习方法、学校环境等几个方面展开。大学生高阶思维能力培养方案研究的视角也很接近，多为具体某项课堂教学方法、师生互动、生生互动、信息化手段等等。当然，国内外研究的差异也很明显。国外学者的研究更偏向实证研究、实验研究。他们多通过严谨的实验设计探索某个特定因素对学习者高阶思维能力的影响。研究方法多采用标准化测试、数学建模、元分析等量化研究方法。国内学界的研究思辨研究较多，特别是对于教学方法，很多研究基于学者的经验分析。近年来，国内学者针对大学生高阶思维能力的量化研究也在逐步增加。但这些研究多依据调查数据，研究的主观性较强。国内大学生高阶思维能力测试的缺乏在很大程度上影响了相关研究的开展。

第四节　中国大学生高阶思维能力测评与发展研究方案

一、研究问题

与外国研究相比，目前我国本土化的大学生高阶思维能力测评研究相对滞后，大学生高阶思维能力发展研究也因此受限。鉴于此，我们希望能在此领域有所突破，基于中国本土实际，开发中国大学生高阶思维能力测试体系，研究中国大学生高阶思维能力的发展现状，并从大学生学习投入的视角研究中国大学生高阶思维能力的影响因素；同时探索基于学科测试的大学生高阶思维能力测评与分析方法，为同类研究提供借鉴与启示，为大学生高阶思维能力的培养提出建议，本研究的研究问题具体为：

（1）思维能力测试开发的科学化和本土化应该如何理解？如何根据测试蓝图开发更具科学化、本土化特征的 CCHA 试卷？如何构建 CCHA 测试体系，包括测试试卷编制、测试分数体系设计、测试质量验证研究、等值方案设计，等等。

（2）CCHA 的常模和等级标准如何构建？测试常模代表着考生群体在测试所测特性上的普遍水平。如何根据 CCHA 常模和等级标准，分院校类型、学科、年级描述我国大学生高阶思维能力的发展情况？我国大学生高阶思维能力发展的主要影响因素有哪些？培养策略如何改进？

（3）目前，我国很多高等院校没有独立的思维能力课程，主要通过专业课完成学生思维能力的训练。那么如何基于学科测试，包括客观性测试和主观性测试，分析考生的思维能力情况，以及如何根据分析结果改进教学，是要解决的问题。

二、各章研究内容

根据研究问题，本研究的研究内容主要分为三个部分，第一部分为中国大学生高阶思维能力测试体系的研发，第二部分为中国大学生高阶思维能力发展情况与影响因素研究，第三部分为基于学科测试的考生思维能力研究。

本书的第二、三章主要讨论中国大学生高阶思维能力测试体系的研发。

第二章 CCHA 的本土化开发，具体介绍 CCHA 研发遵循的科学化和本土化原则，前期研究确定的 CCHA 的理论基础、测试构念和测试蓝图，CCHA 试卷的编制过程、试卷特点和分数报告体系，CCHA 样卷和样卷解析，具体呈现 CCHA 的考点以及测评思路。

第三章 CCHA 的质量验证与等值方案设计，具体介绍 CCHA 的信度、效度以及试题质量的验证结果，CCHA 等值方案的设计过程。

本书的第四、五章主要研究中国大学生高阶思维能力发展情况与影响因素。

第四章基于 CCHA 的大学生高阶思维能力发展研究，具体介绍 CCHA 的常模和等级标准的建立，以及根据 CCHA 常模、等级标准完成的学生总体、不同类型院校学生、不同专业学生、不同年级学生的发展情况的研究。

第五章大学生高阶思维能力发展影响因素研究，具体介绍本研究在 Y 大学完成的学习投入因素对高阶思维能力的影响分析，以及提出的大学生高阶思维能力培养策略。

本书的第六章主要讨论基于学科测试的考生思维能力研究。第一节客观性测试的认知诊断研究，具体介绍一项语言测试的认知诊断评价过程、诊断结果以及基于结果得出的教学建议。第二节主观性测试的考生认知技能分析，具体介绍本研究基于一项写作测试完成的考生认知技能分析过程、分析结果以及基于结果得出的教学建议。

第七章我们分析了本研究的不足之处，并展望了中国大学生高阶思维能力测评与研究的未来发展。

三、研究方法

本研究采用量化研究方法为主，质性研究和量化研究相结合的研究方法。

（1）中国大学生高阶思维能力测试体系的研发部分，本研究主要根据前期研究确定的测试蓝图，采用资料分析法和专家法完成CCHA试题的编制、审定和组卷。在CCHA测试质量的验证中，本研究采用多种量化研究方法，具体包括相关分析、验证性因素分析、差异显著性检验、基于经典测验理论（CTT）、项目反应理论（IRT）的试题质量分析方法。CCHA设计了非等组共同题设计（NEAT）完成试卷间的等值，我们采用Tucker观察分数线性等值、Levine观察分数线性等值、Braun-Holland线性等值三种方法进行等值计算，并通过靴帮重复取样法验证了等值结果。

（2）中国大学生高阶思维能力发展情况与影响因素研究部分，本研究主要在十余所高校完成了CCHA的施测，建立了CCHA的测试常模，通过差异检验等方法对比了不同专业、不同年级学生CCHA成绩的差异，并采用等比例间隔法制定了CCHA的等级标准。在大学生高阶思维能力影响因素的研究中，本研究主要采用调查法研究学生学习投入的表现，通过回归分析法探究学生学习投入因素对高阶思维能力发展的影响。

（3）基于学科测试的考生思维能力研究部分，本研究采用专家法、资料法、调查法完成试题认知属性的标注、作文写作技能与认知技能的对应分析。对于客观性语言测试的考生认知技能分析，本研究通过多种拟合检验方法，选择GDINA模型完成测试的认知诊断分析。对于主观性测试（写作测试）的考生认知技能分析，本研究通过分层随机抽样法完成样本的抽取，最后基于样本数据的描述性统计结果和差异检验结果完成了研究结果的分析与讨论。

第二章
CCHA 的本土化开发

一些研究中,研究者设计了很多小型的高阶思维能力测试,这些测试为什么不能大范围推广?国际上已经有多项成熟的针对大学生学习成果的高阶思维能力测试,那么我们为什么还要开发中国大学生高阶思维能力测试(CCHA)?汉化这些测试是不是更加方便?这就涉及了思维能力测试的科学化和本土化问题,本章的第一节将对这一问题进行讨论,这也是我们开发 CCHA 的重要原因。CCHA 的开发严格按照标准化测试的研发流程进行,本章的第二节、第三节详细介绍了 CCHA 的理论基础、测试构念、测试蓝图、试卷的编制过程以及 CCHA 的分数体系等。本章的第四节为 CCHA 的样卷、试题解析,更为充分地介绍 CCHA 对大学生高阶思维能力的测评方法。

第一节 思维能力测试开发的科学化和本土化

作为一套针对中国大学生高阶思维能力的测试工具,CCHA 开发的关键问题在于能否准确地测量出中国大学生高阶思维能力的真实状况。而要想达到这一点，需要在开发过程中秉持两个原则：一是科学性原则，即严格遵循标准化测试开发的原则和流程进行测试的研发和质量验证，以保证这一测试的科学性和有效性；二是本土性原则，即采用能够为中国大学生所理解的、基于本土文化的语料和原创试题作为测试内容，以保证这一测试在中国的适用性。

测试的编制和开发是教育测量学研究的核心内容。大学生高阶思维能力测试测量的对象是被试的复杂心理特征，测试需要对整个中国大学生群体有比较好的适应性。按照教育测量学理论，抽象的测量对象和广泛的测试需求，通常需要通过开发标准化测试来实现（朱德全，徐小荣，2022）。标准化测试是指对测试开发各环节都按照标准、科学的程序组织，并严格控制误差的测试。标准化测试的科学性主要体现在以下四个方面：第一，有明确的测试构念，对要测量的被试特质有清晰的定义；第二，有较高的信度，测试稳定，能多次使用；第三，有良好的效度，保证测试结果准确、实用；第四，有较好的试题质量，可以对被试的特质做有效的区分（黎光明，2019）。如果一项测试达不到这些要求，即使有一定的数据积累，也无法长期使用，更不具备可推广性。标准化测试的开发一般遵循"开发—验证"的循证路线，具体包括测试蓝图开发、命题、审题、组卷、前测、质量验证等多个环节（朱德全，徐小荣，2022）。每个环节都需要依据规范、充分控制误差。其中质量分析环节至关重要，只有对测试的信度、效度、试题参数进行检验，获取测试科学性的充足证据，测试开发才算完成。本研究严格按照上述流程开发、验证 CCHA，这是 CCHA 未来能够支持短期、长期、横向、纵向多种类型评价实践的保证。

在测试的开发中，文化承载是需要考虑的一项重要内容。文化承载指的是测试存在文化特异性的程度（Reynold，2015），测试的文化特异性越大，当测试用于其他文化地区时，测试产生的偏差就越大，测试的准确性就会受到影响。所有测试都存在一定的文化承载问题，而思维能力测试的文化承载问题更为突出，因为这类测试的测试内容——思维能力与文化的核心要素——语言之间存在着极其密切的关系。现代语言学理论认为，语言的发展过程一直伴随着思维的发展过程，二者相互促进，相辅相成。语言不仅仅是思维的工具，更在一定程度上影响了思维（李锡江，刘永兵，2014）。在前期研究中，我们曾与美国教育考试服务中心（Educational Testing Service）合作，汉化该中心的 EPP 批判性思维能力测试，但对该项测试汉化后在两所中国高校的实测数据分析发现，中国考生在这项测试上的得分与其高考英语得分相关显著，而与高考语文成绩不相关（赵婷婷等，2015）。这说明汉化后的思维能力测试对我国考生仍然存在语言及文化的隔阂。正是基于此项研究，我们深刻认识到，中国大学生高阶思维能力测试必须具有本土性，我国急需开发能够体现本土文化承载的中国大学生高阶思维能力标准化测试。测试的文化承载一般体现在测试内容上，特别是测试的语料和试题。在本研究中，CCHA 邀请中国本土教育专家，在中国国情和文化的框架下选择语料，开发符合中国大学生认知特点的原创试题，保证这项测试的本土文化承载。

第二节　CCHA 的测试蓝图

一、布鲁姆教育目标分类学

中国大学生高阶思维能力测试（CCHA）开发的理论基础的是布鲁姆教育目标分类学（2001 版）。

教育目标分类学的源头可以追溯到 18 世纪 20 年代博比特、查特斯的工作分析法、活动分析法。之后，"评价之父"泰勒为"教育目标"这一概念又添加了更多的内涵，他把对于教育目标的研究从结果的表述转移到教育过程的内部：一方面他把教育目标和实现教育目标的学生认知过程联系了起来，使得"教育目标"研究的心理学色彩更浓；另一方面，他把教育目标与评价联系起来，使得教育目标开始超越"清楚"走向"具体"。泰勒的学生布鲁姆继承了他的主要思想，并把该思想付诸实践，首先建立起一套完整的教育目标体系。1956 年，布鲁姆联合克拉克·沃尔等出版了《教育目标分类学：认知领域》一书，书中系统、详细地介绍了他们对于教育目标的分类方法。他们的这项理论在全世界产生了广泛的影响，布鲁姆的这部书甚至被评为 20 世纪最具影响力的教育著作（Shavelson，2009）。

1. 布鲁姆教育目标分类学（1956 版）

布鲁姆教育目标分类学（1956 版）以行为主义为基础，主要通过学生学习的外显行为来陈述教育目标，具有系统性强、可操作性强等优势。在布鲁姆教育目标分类学（1956 版）中，布鲁姆将教育目标分为 6 个层次，分别为知识、领会、应用、分析、综合、评价，各层次又细分为 14 个子类。这 6 个层次间具有复杂程度由低到高的关系，高层次教育目标的完成以掌握低层级教育目标为基础，也就是说这 6 个层次间具有线性累积性结构。布鲁姆教育目标分类学（1956 版）的提出从理论和实践上都对教学、评价的发展产生了巨大的影响。但是随着这一理论被广泛地运用于课程、教学、测试，各国的学者也发现了这项理论的一些问题，主要集中在几个方面：第一，理论基础的问题。布鲁姆教育目标分类学（1956 版）提出时，行为主义统治着心理学，该分类学也因此深深打上了行为主义的烙印。第二，"知识"的分类问题。布鲁姆教育目标分类学（1956 版）过于注重学生的行为，而对知识这一大类，划分过于笼统和模糊。第三，结构问题。布鲁姆教育目标分类学（1956 版）采用累积性结构，即六个层次按逐步增加的复杂性排序，这样的排序太过简单。

2. 布鲁姆教育目标分类学（2001版）

基于布鲁姆教育目标分类学（1956版）的种种问题，著名教育学家 Anderson 及其团队在20世纪90年代中期开始对这项理论进行修订，2001年他们在《面向学习，教学和评价的分类学——布鲁姆教育目标分类学的修订》一书中提出了改进后的教育目标分类学理论，简称布鲁姆教育目标分类学（2001版）。

布鲁姆教育目标分类学（2001版）建立在当时主流心理学—建构主义心理学的基础上，该理论首先将教育目标分成两个维度：第一个维度是"知识"，划分这一维度的目的是帮助教师分辨教什么，该维度具体分为四个类别—事实性知识、概念性知识、程序性知识和元认知知识，详见表2-1；第二个维度是"认知过程"，划分这一维度的目的是帮助教师明确学生在学习中经历的思维历程，这一部分就是本研究关注的认知思维部分。这一维度具体有6个层次，分别为记忆、回忆、理解、应用、分析、评价和创造。这6个层次下又再分为19个更具体的认知过程也可以理解为认知技能（Andersen et al., 2001），详见表2-2。

表2-1 布鲁姆教育目标分类学（2001版）知识维度框架

大类	子类
事实性知识	术语知识
	具体细节和要素知识
概念性知识	分类和类别的知识
	原理和通则的知识
	理论、模型和结构的知识
程序性知识	具体学科的技能和算法知识
	具体学科的技术和方法的知识
	确定何时使用恰当程序的准则知识

续表

大类	子类
元认知知识	策略性知识
	关于认知任务的知识，包括适当的情境性知识和条件性知识
	关于自我的知识

表 2-2　布鲁姆教育目标分类学（2001 版）认知过程维度框架

层次	子类	定义
记忆/回忆	识别	在长时记忆中查找与呈现材料相吻合的知识
	回忆	从长时记忆中提取相关知识
理解	解释	将信息从一种表示形式（如数字的）转变为另一种表示形式（如文字的）
	举例	找到概念和原理的具体例子或例证
	分类	确定某物某事属于一个类别（如概念或类别）
	总结	概括总主题或要点
	推断	从呈现的信息中推断出合乎逻辑的结论
	比较	发现两种观点、两个对象等之间的对应关系
	说明	建构一个系统的因果关系
应用	执行	将程序应用于熟悉的任务
	实施	将程序应用于不熟悉的任务
分析	区别	区分呈现材料的相关与无关部分或重要与次要部分
	组织	确定要素在一个结构中的合适位置或作用
	归因	确定呈现材料背后的观点、倾向、价值或意图
评价	检查	发现一个过程或产品内部的矛盾和谬误；确定一个过程是否具有内部一致性；查明程序实施的有效性
	评论	发现一个产品与外部准则之间的矛盾；确定一个产品是否具有外部一致性；查明程序对一个给定问题的恰当性

续表

层 次	子 类	定 义
创造	产生	基于准则提出相异的假设
	计划	为完成某一任务设计程序
	生成	生产一个产品

随着心理学研究的深入，人们对知识和思维的本质区别认识得越来越清楚，教育者也越来越深刻地认识到培养学生思维能力的重要性。这些认识也深刻地体现在布鲁姆教育目标分类学（2001版）中。这一版教育目标分类学最成功的部分就是认知思维部分，具体表现在以下方面。

第一，将认知思维部分的分类与知识分类划分开，单列为一个维度。第二，使用动词来表达认知思维部分的类别。这样的改变主要是为了通过术语来体现学生学习中思维的过程，同时与认知心理学研究成果相一致。第三，对认知技能描述得更为详细、明确。不仅给出了定义词，更给出了较多的相关词，还增加了大量的案例。第四，改进了认知思维部分类别间的层次关系。布鲁姆教育目标分类学（2001版）的认知思维部分的层级是复杂度的渐进关系。高层次教育目标的掌握不再建立在掌握低级教育目标的基础上。

布鲁姆教育目标分类学（2001版）从理论和实践上都对教学、评价的发展产生了巨大的影响，很多测试依据这项理论制定，很多关于思维能力的研究依据这项理论完成（Shavelson，2009），因此 CCHA 也基于布鲁姆教育目标分类学（2001版）研发。

二、CCHA 的构念

一项标准化测试的核心是测试的构念，也就是测试想要测量的被试特质。顾名思义，大学生高阶思维能力测试的核心构念是高阶思维能力。

"高阶思维能力"一词源于英文：higher-order thinking skills，主要用在教育学领域。学界对于高阶思维能力的概念讨论较多，Lewis 和 Smith（1993）指出，高阶思维能力是指人将新信息和记忆中储存的信息相互关联起来并对其进行重新组织，以达到一定的目的，或在一个复杂情境中找到可能的答案的过程。申昌安等（2011）提出，高阶思维能力是学习者运用高层次认知对事物进行加工的思维活动。更多的研究者则从教育目标分类学的视角定义高阶思维能力。教育目标分类学理论按照认知的复杂性程度，对学生的认知活动进行了由低到高的排序，高阶思维能力指的是在复杂度较高层级上的认知活动所需要的思维能力（Ennis, 1985）。教育目标分类学本身就是用以指导思维能力教学和测试的理论，定义的高阶思维能力更具体、更具有层次性和可操作性，因此本研究基于目前影响力最大的教育目标分类理论——布鲁姆教育目标分类学（2001版）对高阶思维能力进行界定。

布鲁姆教育目标分类学（2001版）将教育目标中的认知过程划分为记忆/回忆、理解、应用、分析、评价和创造，这6个层次间有复杂度逐渐升高的关系。一些学者，如 Hopson 等人提出，高阶思维能力是指能够让学生完成这项分类中后3个层次活动的能力（Hopson et al., 2001）；也有学者，如批判性思维的著名研究学者 Ennis 则认为，高阶思维能力应有更宽泛的范围，除了第一层，其他层次上的认知过程都属于高阶思维能力的范畴（Ennis, 1985）。本研究的研究目的为针对大学生学习成果的通用能力部分开发测试，需要对各学科有较好的包容性，因此我们采用更宽泛的高阶思维能力概念，将高阶思维能力定义为布鲁姆教育目标分类学（2001版）中理解、应用、分析、评价和创造等5个层级上所表现出的认知过程或技能的总和，这5个层次下还有17个子类，它们是更为具体的认知过程技能，分别为解释、举例、分类、总结、推断、比较、说明、执行、实施、区别、组织、归因、检查、评论、产生、计划、生成。

三、CCHA 的测试蓝图

在确定了 CCHA 的构念后，本研究通过内容分析法分析了目前影响力较大的大学生学习成果测试、大学生学习成果框架、批判性思维构成模型等材料，构建了大学生高阶思维能力评价框架。为了充分体现本土性，设计出符合中国大学生特点的高阶思维能力测试，本研究邀请了 17 位国内教育学、认知心理学、逻辑学和心理测量学多个领域的专家和一线教师，在评价框架的基础上，通过德尔菲法，确定 CCHA 的结构和考点，构建测试蓝图。德尔菲调查共进行了两轮：第一轮，请专家对大学生高阶思维能力评价框架中的 35 个指标进行了重要性和可测试性的评分，并提出改进意见；第二轮，专家对修改后的指标再次评分，调查结果达到收敛标准即停止。本次德尔菲调查确定的 CCHA 测试蓝图包含 5 个高阶思维能力层次、9 项高阶思维能力技能以及 11 个具体考点，见表 2-3。按照布鲁姆教育目标分类学（2001版），高阶思维能力层次、高阶思维技能和考点间是从属关系。

表 2-3 CCHA 的测试蓝图

高阶思维能力层次	高阶思维技能	考点
理解	举例	判断例证与论题间的一致性
	推断	根据所给信息通过内推或外推得出合理的结论
应用	实施	将给出的概念、理论、程序等应用于不熟悉的给定情境中
分析	区别	识别论题和论证的意图
	组织	识别论证链条
	归因	识别作者的假设、视角
		识别作者未言明的意图、结论和影响

续表

高阶思维能力层次	高阶思维技能	考　点
评价	检查	识别逻辑缺陷
	评论	检查信息、证据的代表性
		评估论证对论题的支撑程度
创造	产生	考虑相反的论点和进一步的研究

第三节　CCHA 的试卷编制

一、CCHA 的试卷编制过程

CCHA 开发的第二阶段是试卷的编制，这一阶段的重点是试题的命制和审定。首先，本研究依据测试蓝图，同时参考影响力比较大的几项同类测试，确定了试题的基本形式。为充分突出测试的本土化特点，本研究邀请国内多位具有大型考试命题经验的命题员和从事本科生教学的一线教师组成 CCHA 命题团队，从我国公开出版的各类书籍、报刊以及门户网站上提取符合我国国情、文化的语料编制原创试题，形成 CCHA 的试题池（题量 100 余题）。接下来，本研究邀请高等教育学、教育和心理测量学、哲学、语言学等多个领域的专家，根据我国大学生的认知特点对试题进行了内容、考点、语言、公平性等多方面的审定和修改，并对试题的难度和区分度做出估计。在测试开发中，试题的命制和审定实际上是最为基础和重要的一步，也是最为耗时的一步。为了提高试题质量，本研究中的命题、审题反复进行了 3 轮。

对于试卷设计，试卷的长度也是需要认真考量的内容。CCHA 的测试蓝图中共确定了 11 个考点，为了使测试达到有效信度，每个考点的题目数至少为 3 题。因为一些试题的质量有待验证，后期可能需要删减，本研究将前测试卷的长度定为 50 题。最后，本研究根据测试蓝图确定的测试结构完成了初始试卷的组卷，在组卷中，专家充分考虑了自然科学、社会科学、人文科学、日常生活等不同领域试题的分布，保证试卷更加贴近中国大学生的经验。另外，为了与同类测试进行比较，试卷中还加入了几道同类测试的试题。CCHA 的前测在一所地方本科高校完成，测试人数为 220 人。实施前测的目的是希望通过实测数据验证试题质量、修改试题和确定试卷长度。根据前测数据，本研究对初始试卷的题目进行了修改，并根据题目表现和信度的要求，将 CCHA 全卷长度调整为 40 题，完成了一套试卷的定稿。其他平行试卷的开发也同样按上述流程完成。

二、CCHA 的试卷介绍与分数报告

CCHA 正式试卷的基本信息如下：CCHA 全卷共包含 5 个分测验，考察考生在"理解""应用""分析""评论""创造"等 5 个高阶思维层次上的能力。5 个分测验的题量分别为 7 题、5 题、12 题、13 题、3 题。CCHA 的试题采用单题和组题两种题型，两种题型各有特色：单题语料较短、考点明确；组题语料较长，同时考查多个考点，有助于拓展考试的深度。

在分数报告上，CCHA 报告学生的总分和"理解""分析""评论"三个分测验的分数。测试的信度与题目数量密切相关，试题量过少会严重影响信度（罗伯特·F·德维利斯，2010）。因此对于试题量很少且都只有一个考点的"应用""创造"两个分测验不单独报告成绩，后续的测试质量分析这两个分测验也不单列。

为适应考生习惯，CCHA 采用转换分制，总分为 100 分，"理解""分析""评论" 3 个分测验也采用转换分制，满分均设为 30 分，便于分测验间的比较。CCHA 可以为考生提供个人成绩报告和团体成绩报告。

个人成绩报告包含考生的得分、在测试群体中的位置分（即百分等级）；团体报告的基本内容包括考生群体的总体得分情况，如平均分、中位分、标准差等，团体报告还可以根据需要定制内容，例如不同学院间考生成绩的对比、考生增值成绩的计算等。CCHA 有多套平行试卷，不同试卷间的得分通过等值技术进行平衡，以保证考生在不同试卷上的得分具有相同的意义，并可以刻画在同一量表上，进行直接比较。

第四节 CCHA 的样卷及解析

一、样卷

中国大学生高阶思维能力测试
China Collegiate Hots Assessment（CCHA）

请在开始答题前仔细阅读以下说明：

1. 本测试共 40 题，测试时间 60 分钟（包括将答案涂在答题卡上的时间）。
2. 请在监考老师提示后再打开试题册，监考老师提示"考试结束"后不允许再继续答题。
3. 错答不倒扣分。
4. 考试结束后请把试题册和答题卡交给监考老师后再离开考场。

说明：每段材料后有一个或几个问题，请认真阅读材料，然后根据所给内容为每道题选择最合适的选项，并将答题卡上相应的字母涂黑。

（1）植物开花一般是受到了开花基因的控制，而这些基因并不是自动打开的，而是在接受了植物体内蛋白质传递的信号后才启动的。研究发现：在植物开花时间较为集中的春季，当阳光充足时，植物体内的一种名为 CO 的蛋白质水平明显增高，而在非开花季节，

CO 的蛋白质水平急速下降。因此研究者推测 CO 蛋白质很可能是调控开花基因的一种重要蛋白。

下列哪一事例与研究者的推测一致？

A．拟南芥菜叶中的 CO 蛋白质对传粉昆虫有一定的吸引作用

B．百合花体内的 CO 蛋白质的含量越高，它的花期就越长

C．牵牛花花朵中的 CO 蛋白质在白天快结束时浓度才会明显升高

D．杜鹃花中的 CO 蛋白质可以降低对开花有促进作用的 FI 蛋白质的水平

（2）自 2020 年开普敦（南非第二大城市）实行"禁酒令"之后，南非的杀人案从 2019 年的 150 起降低到了 2020 年的 43 起。开普敦地区医院工作的一名医生表示，他认为犯罪数量的下降肯定和禁酒令有关："我们有过类似的讨论。最近几周，我们的急救中心情况发生了一定的变化，我们认为酒精消费量的减少，在很大程度上导致了暴力犯罪的下降。"

以下哪一事例与该医生的判断相一致？

A．南非没有实行"禁酒令"的城市杀人案数量并未降低

B．开普敦 2010—2019 年之间的每年的杀人案都在 100 起左右

C．开普敦市市民每逢重大节日有喝酒狂欢的习惯

D．"禁酒令"实施后，开普敦市酒后驾车的案件也大幅减少

（3）很多竞争性的理论都在解释人类最早的祖先 30 万年前在非洲逐步进化之后，何时以及通过什么路径迁徙出非洲。数十年来，化石证据支持这样的假设：解剖学上的现代人一直停留在非洲大陆，他们只是偶尔到今天的以色列地区做短期旅行，这样的情况一直延续了数十万年。直到距今 6 万到 5 万年前，一批移民涌向欧亚大陆，随后散布到了全世界。然而，2016 年在沙特阿拉伯

发现了一节距今约 88000 年前的现代人类指骨，这是迄今为止在非洲以外或是在其邻近的地中海东部发现的最古老的化石。通过这一发现，人们得出新的观点：早期现代人扩散到欧亚大陆的时间比此前考古学家认为得更早，而且更频繁。

以下哪一事例与文中新观点一致？

A. 考古学者在中国南部的一处洞穴石笋里发现了距今 4 万年前人类的牙齿

B. 人们在阿曼山区（阿拉伯半岛南部）发现了距今 10 万年的人类石制工具

C. 在以色列黎凡特发掘出的一批古猿人化石，可追溯至 19.4 万年～17.7 万年前

D. 一些遗迹表明，约 12 万年前可能有第一批迁徙者走出非洲，但迁徙失败了

（4） 失忆症可以有真性和假性之分，两者的区别在于大脑是否有器质性病变。研究人员发现，实验鼠体内神经连接蛋白的蛋白质如果合成过多，会引起假性失忆症，由此他们认为，失忆症与神经连接蛋白的蛋白质合成量有重要关联。

以下哪一项与文中观点一致？

A. 神经连接蛋白正常的老年实验鼠患失忆症的比例很低

B. 患失忆症的雄性实验鼠体内神经连接蛋白的蛋白质量高于患病的雌性实验鼠

C. 抑制神经连接蛋白的蛋白质合成可以缓解患失忆症实验鼠的症状

D. 去除实验鼠合成神经连接蛋白的关键基因，实验鼠记忆食物位置的能力明显高于正常鼠

（5） 在防治癌症方面，豆浆有多种潜在的积极作用，尤其由于它富含大豆低聚糖和大豆异黄酮等抗氧化剂。研究证据已经表明，豆浆可以减少儿童患白血病的风险，并有助于预防乳腺癌、肝癌和结肠癌。根据研究结果，豆浆的生物效应在很大程度上受到其成分的影响，而其成分的变化又依赖于大豆种植地的气候、土壤以及晾干后的存储方法等条件。

根据上述信息可以推出：
A．并非所有的豆浆都有相同的防癌功效
B．生长于良好的气候土壤条件下，恒温干燥保存的黄豆制作的豆浆最有功效
C．过度饮用豆浆会给身体健康造成不良影响
D．相对于健康儿童而言，白血病患儿的豆浆饮用量较小

（6） 在古罗马建筑中，研究人员发现建筑内部空间的扩大与拱券结构的发展密切相关。因此有学者提出，拱券结构的发展与演进，实际上是人类为了获得更多的室内空间的结果，而这种需求早在公元前1000年前的古希腊露天剧场就体现了出来。

根据上述信息可以推出：
A．早在古希腊时期，人类就有扩大室内空间的要求
B．古罗马建筑承袭并拓展了古希腊时期的建筑风格
C．古罗马建筑发展与演进的关键在于内部空间的拓展
D．拱券结构是古罗马建筑不同于其他建筑的最大特色

（7） 禀赋效应是指某种事物或者属性隶属于某个人，那么这个人就会对这种事物或者属性的评价大大提高，这也就导致了对于同一个人，失去某种事物的悲伤会远超得到某种事物的喜悦。这一现象可以用行为金融学中的"损失厌恶"理论来解释，该理论认为一

定量的损失给人们带来的效用降低要多过相同的收益给人们带来的效用增加。

以下哪种现象中存在禀赋效应？

A. 张阿姨对家里所有东西都非常爱惜，别人能用15年的炉灶她能用20年，80年代生产的显像管电视机她也一直没有淘汰

B. 某位研究生导师明知自己研究所学生的毕业论文水平与其他学生论文水平相同，但还是给了自己研究所学生更高的分数

C. 2016年小李花200万元在A地购买了一套商品房，装修后小李入住，他认为自己购买的住房比周围小区的房子品质好很多

D. 某小区计划种植装饰树，小区居民愿意支付的平均价格是300元/棵，而需要砍伐时，该小区居民则要求按平均400元/棵的价格赔偿

（8）习得性无助是指个体经历某种学习后，在面临不可控情境时形成无论怎样努力也无法改变事情结果的不可控认知，此时他的自我评价就会降低，动机也减弱到最低水平，无助感也由此产生。

根据上述定义，下列属于习得性无助的是：

A. 抽刀断水水更流，举杯消愁愁更愁

B. 一个溺水的人在努力挣扎仍然无济于事之后会被淹死

C. 司机在红灯亮起时发现已经驶过了斑马线，干脆直接闯了红灯

D. 小李从小数学不好，经过老师一学期的特别辅导，还是觉得学数学吃力，他说自己不是学数学的料

（9）对偶中的反对，是指两句的意思相反、相对，包括意思相反、观点相斥、结果相异、情感相悖等，由此形成鲜明对比。

根据上述定义，下列属于反对的是：

A．问渠那得清如许，为有源头活水来

B．在天愿作比翼鸟，在地愿为连理枝

C．缕缕轻烟芳草渡，丝丝微雨杏花村

D．荷尽已无擎雨盖，菊残犹有傲霜枝

（10）失语症是指由于神经中枢病损导致抽象信号思维障碍，而丧失口语、文字的表达和领悟能力的临床综合征。失语症不包括由于意识障碍和普通的智力减退造成的语言症状，也不包括听觉、视觉、书写、发音等感觉和运动器官损害引起的语言、阅读和书写障碍。

根据上述定义，下列属于失语症的是：

A．因车祸头部受创，虽能模仿他人言语但经常答非所问

B．"狼孩"回归社会后无法与人进行言语交流

C．因受刺激精神失常，造成言语理解和表达上的困难

D．幼时高烧听力受损致使发音有极大缺陷，影响交流

（11）感觉适应是指刺激物对同一感受器持续作用，使感觉阈限发生变化，导致对后来的刺激物的感受性提高或降低的现象。各种感觉都有适应现象。

根据上述定义，下列属于感觉适应现象的是：

A．近朱者赤，近墨者黑

B．一朝被蛇咬，十年怕井绳

C．余音绕梁，三日不绝

D．入鲍鱼之肆，久而不闻其臭

（12）数据显示，黄色和橙色是过去五年来全球食品和饮料新发布最流行的颜色组，但如果评选近两年饮料界的"顶流"颜色，蓝

色毫无疑问排在前列。原因很简单,作为饮料消费的主流——25～35 岁的消费者群体,他们想要明亮、色彩大胆的产品,有调查表明,37% 的消费者认为蓝色是一种能够提振情绪的颜色,表现优于所有其他颜色,在 25～35 岁的消费者中这一比例为 50%,而在 15～24 的消费者群体中这一比例上升到 60%。

以上信息最能支持以下哪项结论?
A. 与黄色和橙色饮料相比,年轻人更喜欢蓝色饮料
B. 未来蓝色饮料的市场占有率将再创新高
C. 市场上的蓝色饮料将更加丰富和多元
D. 消费者年龄越小,选择饮料时越容易受到色彩的影响

(13) 春秋季属于季节转换时段,夏季风与冬季风切换,天气系统及冷空气活动频繁,导致气温起伏比较剧烈。尤其是秋季,前期基础温度比较高,一次冷空气开始之前往往出现明显升温,冷空气影响后降温幅度非常大,容易形成"断崖式"降温,相对容易达到寒潮标准。而隆冬时节,基础气温本来就低,冷空气来袭时降温幅度往往有限,达到寒潮标准的情况就相对较少。

以上信息最能支持以下哪项结论?
A. 寒潮的判定标准不合理
B. 秋季是气温变动最大的季节
C. 寒潮并非在最冷的时候发生率最高
D. 秋季的寒潮比冬季的寒潮更容易让人生病

(14) 问卷调查是社会科学研究中常用的研究方法。在调查问卷的设计中研究者通常非常关注提问的设计,而对问卷使用的语言可能出现的各种问题考虑不足。最新研究结果确认:语言问题对问卷调查的结果有显著影响。

假设被调查者都能如实回答问卷问题，那么上述信息可以推出哪项结论？

A．问卷调查结果通常不能完全反映实际情况

B．问卷使用合理的语言和提问可以使被调查者如实地回答问题

C．被调查者一般不具备识别语境、语言的歧义的能力

D．在设计调查问卷时，语言设计比提问设计更重要

（15）某地高速公路的某一路段原限速为 120 公里 / 时，后将限速调整为 100 公里 / 时。

司机甲：有经验的司机完全有能力并习惯以 120 公里 / 时的速度在高速公路上安全行驶。因此，高速公路上的最高时速不应改为 100 公里 / 时，因为这既会不必要地降低高速公路的使用效率，也会使一些有经验的司机违反交规。

交警乙：每位司机都可以在规定的速度内行驶，只要他愿意。因此，把对最高时速调整说成是某些违规行为的原因，是不能成立的。

以下哪项对司机甲和交警乙的争论焦点概括得最准确？

A．修改高速公路限速是否真的有必要？

B．修改高速公路限速后司机能否自愿执行规定？

C．修改高速公路限速是否会影响司机的驾驶习惯？

D．修改高速公路限速是否能导致有经验的司机违反交规？

（16）考古研究者认为，带羽毛的恐龙一般只能在静水（如湖泊和潟湖的底部）的泥质沉积物中成为化石。但近日在砂岩中也发现了带羽毛的恐龙化石，表明带羽毛的恐龙也可被保存在由流水沉积出来的岩石即砂岩中，这意味着在全球范围内都很有可能发现带羽毛的恐龙化石。

得到上述论断至少还需要一个前提，以下哪项可以作为这一前提？

A．有羽毛的恐龙与其他恐龙生活在同一时期，曾大量存在

B．作为沉积岩，砂岩历经千百年而形成，无比坚固，难以侵蚀

C．羽毛具有韧性，难以分解，因此和骨骼一样容易沉积在化石中

D．砂岩在地球上分布广泛，是一种最常见的保存恐龙遗骸的岩石

（17）吸烟不仅危害吸烟者的肺部健康，对于吸烟者的眼睛也会产生不利影响。这主要是因为香烟燃烧的烟雾中含有有害物质丙烯醛。研究发现，橄榄油中的羟基酪醇，可以有效地抑制丙烯醛带来的危害。因此，研究人员认为，常食用橄榄油可以有效地保护吸烟者的眼睛。

得到上述论断至少还需要一个前提，以下哪项可以作为这一前提？

A．常吃橄榄油的吸烟者视力和肺功能均好于常人

B．橄榄油中含有多种对视力保护有益的物质

C．橄榄油中的羟基酪醇易于被人体吸收

D．丙烯醛可以在橄榄油中溶解并生成对人体无害的物质

（18）在波多黎各别克斯岛的海岸线上，两个古老的南美部落从公元5年到公元1170年共同生活了1000多年。传统观点认为这两个部落因地缘相近应属于同一文化。最近，通过考古发掘出部落定居点出土的粪化石，人们发现尽管两个部落都会食用海鲜类食物，但Saladoid部落的样本中含有鱼类寄生虫，表明该部落经常生吃鱼肉；而Huecoids部落更偏好玉米和真菌类食物，这一发现对传统观点提出了挑战。

要质疑传统观点，需要补充的重要前提是：

A．部落饮食习惯的差异直接反映了不同的文化属性

B．在波多黎各别克斯岛，居民从古至今都以海鲜类物品为主要食物来源

C．以化石中遗留下来的肠道细菌为线索可以推测部落的饮食习惯

D．Saladoids 族与 Huecoids 族居住地虽近，但没有证据表明两个民族有过日常交流

（19）研究人员在观察开普勒太空望远镜发现的数千颗太阳系外行星后，发现银河系内拥有大量的行星，几乎每一颗恒星周围都存在行星，许多恒星系统内存在两至六颗行星，其中约三分之一的行星处于宜居带上，行星表面的温度适合液态水存在，这可能意味着银河系内几乎处处有宜居的星球。

以下哪项如果为真，最能支持上述结论？

A．只要存在水资源，就有生命存在的可能性，但不一定能完成进化

B．"盖亚"空间探测器发现银河系有一颗恒星的卫星与地球环境非常接近，很可能存在生命

C．"恒星系统内存在两至六颗行星"这一结论是根据提丢斯－波得定则推算而出，科学家一直尝试验证

D．银河系的恒星中 80% 是红矮星、超过一半的红矮星周围环绕的行星与地球类似，并存在水和大气层

（20）从 18 世纪早期以来，无论晋商多么活跃地参与跨欧亚实物贸易，如果 18 至 19 世纪中国国内没有出现叛乱和内战，票号和它的银行帝国就不可能出现。

以下哪项如果为真，最能支持以上论述？

A. 清政府为了应付节节攀升的军事开销，默许了私人票号的存在，并用其处理省府税收

B. 因为内陆战乱，在行商时携带大量白银变得愈发危险，汇票则成为一种安全的服务

C. 即便是通商口岸的殖民地银行，也需要依靠晋商广泛的金融网络以完成内陆采购交易

D. 山西在跨欧亚贸易中具有中心地位，晋商可广泛参与俄国、蒙古、江南三地的贸易

（21）意识外在论者提出，在睡眠中或在精神类药物的作用下，没有任何人能够通过意识感受到在自然界中不存在的色彩。如果如内在论者所说的，意识仅仅是大脑的产物，那么就应该有人活在完完全全非现实的意识体验中。然而，我们的意识体验只是我们的身体与外部世界所选择的特征重组的结果。一言以蔽之，我们的想法是由什么组成的？是由环绕在我们四周的、与我们相关的世界组成的。

以下各项如果为真，哪项最能支持以上论述？

A. 在某些大脑受损或小脑受损的情况下，个体还能够有自我意识

B. 世界呈现在我们面前，感官再对这些现实事物进行筛选，筛选出的部分就成为意识体验

C. 若真如内在论者所言，意识是大脑中浮现的特征，那么意识就应该能够被观察得到

D. 意识体验具有确定的质的一面，它只能被实践主体感知，这个体验是独特且不可重复的

(22) 世界生物质热解气化领域，一般把 5000 千瓦（1 千瓦 =860 大卡）装机的生物质天然气发电项目称为大型项目，这说明生物质热解天然气生产设备单体炉产气量显著偏小。中国一公司研发的"全气化集成设备"，气化率高达 85% 以上、单炉产气量 1.51～1.6 立方/公斤、平均热值为 2033 大卡/立方。该设备单套产气量达 20000 立方/小时，实现了生物质热解全气化设备的大型化。该公司预计，单体气化炉的大型化，必将大大推进生物质热解气化产业的普及化。

以下各项如果为真，哪项最能支持该公司的预测？

A. 生物质热解天然气的大型化可有效降低户均安装成本和使用、维护成本

B. 该公司已经在辽宁建厂，实际使用中该设备的最高生产效率可以达到上述理论值

C. 该设备在生态减碳减排方面也非常突出，其排放的颗粒物、二氧化硫等远低于国家排放标准

D. 我国近年可利用未利用的生物质秸秆量约 10 亿吨/年，根本原因在于缺乏生物质天然气生产规模化处理的"颠覆性"技术

(23) 1991 年，加拿大不列颠哥伦比亚大学一份调查报告表明：左撇子比一般人更容易出事故，他们的平均寿命比惯于用右手的短 9 年。研究人员在美国南加州取得了一份去世者名单，在统计了近 2000 例数据之后，发现左撇子平均寿命为 66.3 岁，而惯用右手的人平均寿命为 75 岁。调查显示，交通事故造成的左撇子死亡比普通人群高五倍。左撇子的人比右撇子的人患糖尿病和免疫系统疾病的比例更高。

以下哪项为真能削弱上述结论？

A. 绝大多数工具专为惯用右手的人群设计，不适用于左撇子

B. 左撇子在人群中的比例随着年龄增加而减少

C. 美国南加州的去世者研究的样本均为 80 岁以上的男性

D. 目前加拿大最长寿的老人年龄超过了 110 岁，他是位左撇子

(24) 自从 20 世纪中叶化学工业在世界范围内产业化以来，人们一直担心，它所造成的污染将会严重影响人类健康。但统计数据表明，这半个世纪以来，化学工业发达的发达国家的人均寿命增长率，大大高于化学工业不发达的发展中国家。因此，研究认为人们关于化学工业危害人类健康的担心是多余的。

以下哪项为真最能削弱研究结论？

A. 在化学工业发达的发达国家中，化学工业集中的地区人均寿命很低

B. 化学工业不发达的发展中国家的大气污染水平不比发达国家低

C. 化学工业不发达的发展中国家人口结构中老年人年轻人占比很高

D. 化学工业发达的发达国家污染防治技术更发达

(25) 有学者声称，孩子在出生的第四年甚至更早被送去托儿机构看护会导致其少年时期不安全感骤升，也更容易依赖母亲。他们调查了 469 名 12～13 岁的少年，请他们参加情景测试，该项测试能够有效测量被试对母亲的依赖状况。结果表明，39% 在 4 岁和 4 岁前曾在托儿机构看护的少年和 16% 同一时期在家看护的少年被认定为过于依赖母亲。

请按对文中结论质疑的强度，按由高到低对以下各项排序：

①调查中在家看护的孩子多数由祖父母或外祖父母看护，他们之间感情非常深厚

②这位学者在幼儿时期曾长时间受到托儿机构老师的冷落，因此对托儿机构很反感

③因为风俗关系，在 469 名被试中，在托儿机构看护多为女童，在家看护多为男童

④针对被试母亲的另一部分研究证明：有些母亲认为孩子太过依赖母亲，因此把他们送去托儿机构矫正

A．④①②③ B．①②④③
C．①④③② D．④①③②

(26) 10 多年前，研究 XL 学科的学者斯塔佩尔因为伪造和篡改 55 篇论文数据被所在大学解聘。这一事件引发了人们对 XL 研究的讨论和质疑。2015 年顶级学术期刊《科学》刊文报道，270 位研究人员试图重复 100 项 XL 学的研究，但只有 36% 重复试验的结果与原始研究一致，其余均无法重复。对此，人们不得不问，XL 学研究还能算得上是科学研究吗？

以下各项如果为真，哪项最能支持上述人们的质疑？

A．XL 学研究通常以数据作为支撑
B．可重复性是科学研究的重要标准
C．定量分析是 XL 学科成熟的标志
D．《科学》杂志刊文的数据真实可靠

(27) 高血压是当今社会老年人的高发病。某国际卫生组织在全球范围内进行了一项献血对高血压影响的调查。调查对象分为三组，第一组为献血 3～10 次的献血者；第二组为献血 1～2 次的献血

者；第三组为没有献血经历的人。经过 10 年的跟踪，研究发现，第一组人高血压的平均发病率为 0.35%；第二组人的平均发病率为 0.76%；第三组人的平均发病率为 1.2%。由此研究者得出结论：献血有利于降低高血压发病率。

以下哪项为真能削弱上述结论？

① 60 岁以上的调查对象在第一组中占 20%，第二组中占 30%，第三组中占 40%。

②调查对象 60% 来自发展中国家，40% 来自发达国家。

③调查对象的人数第一组 30000 人，第二组 40000 人，第三组 70000 人。

A. 只有①   B. 只有②
C. ①和②   D. ①②③

（28）某公司健康讲座宣传现代人应该多吃海盐，因为海盐中含有人体需要的多种微量元素，多吃添加海盐的食物不会导致高血压。但是小欧提出异议。小欧说，多吃添加海盐的食物不会引起高血压是不对的。多吃此类食物会让人发胖，而肥胖正是高血压的重要诱因。

以下哪项的论证结构与小欧的论证结构最为相似？

A. 劣质汽油不会引起汽车非正常油耗的说法是不对的。因为劣质汽油会导致发动机的非正常老化，而发动机的非正常老化则会引起非常油耗

B. 土壤施肥过度会引起烧苗的说法是对的。施肥过度会导致土壤中多种离子浓度过大，而离子浓度过大则会导致植物根部细胞失水，也就是烧苗现象

C. 儿童感情被忽视会导致成年后患抑郁症的说法是对的。儿童的情感被忽视会导致儿童缺少安全感，此情况如果一直得不到改善，则会引发成人期的抑郁症

D. 吃过多嘌呤含量高的食物不会引起痛风的说法是不对的。吃嘌呤含量高的食物会导致血液中的尿酸升高，而高尿酸血症和痛风是同一种病的不同阶段

（29）《淮南子·说山训》中提到"一叶落知天下秋"，意思是看到一片树叶的凋落，从而推测秋天的到来。

以下哪项与上述论证最为相似？

A. 因为 a＞b，b＞c，所以推测 a＞c

B. 因为听到了鸣笛声，所以推测水烧开了

C. 因为所有哺乳动物都是有脊椎的，人是哺乳动物，所以推测人是有脊椎的

D. 因为大连三面环海，所以大连一定是海洋性气候

（30）19 世纪，吹绵蚧严重影响美国柑橘的产量。于是 1888 年，美国从大洋洲引入了吹绵蚧的天敌澳洲瓢虫。散放后的第二年和第三年，吹绵蚧的数量明显下降，柑橘产量大幅提升，有的地方甚至提升了 30%。但是引入后的第四年，柑橘产量又大幅下降。

如果以下各项为真，哪项最能解释上述现象？

A. 1889 年开始，随着美国柑橘产量的提升，柑橘价格大幅下滑

B. 1991 年，美国柑橘园所在地的其他果园产量也不如从前

C. 连续几年的过多结果使得柑橘树的养分无法进一步支持雌花结果

D. 植物学家发现美国柑橘的主产区加州存在大量澳洲瓢虫的天敌蜘蛛

根据下面材料回答 31～33 题。

李工程师：一项权威性的调查数据显示，在医疗技术和设施最先进的美国，婴儿死亡率在世界上排在第 17 位。这使我得出结论：先进的医疗技术和设施，对于人类生命和健康起的保护作用，对成人比对婴儿显著得多。

张研究员：我不同意你的论证。事实上，一个国家所具备的先进的医疗技术和设施，并不是每个人都能均等地享受的。较之医疗技术和设施而言，较高的婴儿死亡率更可能是低收入的结果。

（31）以下哪项最为恰当地概括了张研究员反驳李工程师所使用的方法？

　　A．对他的论据的真实性提出了质疑

　　B．对他援引的数据提出了另一种解释

　　C．暗指他的数据会导致产生一个相反的结论

　　D．指出他偷换了一个关键性的概念

（32）张研究员的反驳基于以下哪一项的假设？

　　①在美国，享受先进的医疗技术和设施，需要一定的经济条件

　　②在美国，存在着明显的贫富差别

　　③在美国，先进的医疗技术和设施，主要用于成人的保健和治疗

　　A．只有①　　　　　　　　B．①②

　　C．②③　　　　　　　　　D．①②③

（33）以下哪项如果为真，能最有力地削弱张研究员的反驳？

　　A．美国的人均寿命占世界第二

　　B．全世界的百岁老人中，美国人占了 30%

　　C．美国的婴儿死亡率呈逐年下降趋势

　　D．一般地说，拯救婴儿免于死亡的医疗要求高于成人

(34) 史密斯：根据《国际珍稀动物保护条例》的规定，杂种动物不属于该条例的保护对象。《国际珍稀动物保护条例》的保护对象中，包括赤狼。而最新的基因研究技术发现，一直被认为是纯种物种的赤狼实际上是山狗与灰狼的杂交品种。由于赤狼明显需要保护，所以条例应当修改，使其也保护杂种动物。

张大中：您的观点不能成立。因为，如果赤狼确实是山狗与灰狼的杂交品种的话，那么，即使现有的赤狼灭绝了，仍然可以通过山狗与灰狼的杂交来重新获得。

以下哪项最为确切地概括了张大中与史密斯争论的焦点？

A．赤狼是否能通过山狗与灰狼的杂交获得？

B．目前赤狼是否有灭绝危险，应该保护？

C．《国际珍稀动物保护条例》的保护对象中，是否应当包括杂交动物？

D．赤狼等杂交动物应该如何进行保护？

根据下面材料回答 35～36 题。

纯种赛马是昂贵的商品。一种由遗传缺陷引起的疾病威胁着纯种赛马，使它们轻则丧失赛跑能力，重则瘫痪甚至死亡。因此，赛马饲养者认为，一旦发现赛马有此种缺陷应停止饲养。这种看法是片面的。因为一般地说，此种疾病可以通过饮食和医疗加以控制。另外，有此种遗传缺陷的赛马往往特别美，这正是马术表演特别看重的。

(35) **以下哪项最为准确地概括了题干所要论证的结论？**

A．与缺陷相比，美观的外表对于赛马来说更重要

B．有遗传缺陷的赛马更适合参加马术比赛

C．不应当绝对禁止饲养有遗传缺陷的赛马

D．一些有遗传缺陷的赛马的疾病未得到控制，是由于缺乏合理的饮食或必要的医疗

（36）以下哪项最为准确地概括了题干论证所运用的方法？

　　A．质疑上述赛马饲养者的动机

　　B．论证上述赛马饲养者的结论与其论据自相矛盾

　　C．指出上述赛马饲养者的论据不符合事实

　　D．提出新的思路，并不否定上述赛马饲养者的论据，但得出与其不同的结论

根据下面材料回答 37～38 题。

他汀类药物被广泛用于降低胆固醇，减少心脏病患病风险。近期的研究还表明某些他汀类药物还能促进啮齿类动物骨骼的生长。在给老鼠连续 5 天每天 3 次注射洛伐他汀后，接受药物的老鼠骨骼比只接受安慰剂的老鼠骨骼大接近 50%。如果他汀类药物对人类有同样效果，那么它们就可能成为治疗骨质疏松症的有效药物。骨质疏松症的特点是骨头变细，目前的治疗方法是降低骨质的流失速度，但这样做并不能提高病人的骨密度和促进骨骼形成。

（37）以下哪项若为真，最能削弱他汀类药物可以成为治疗骨质疏松症有效药物的论断？

　　A．用于临床试验的他汀类药物剂量远高于人类的安全剂量

　　B．一些他汀类药物对啮齿动物有副作用，但是洛伐他汀没有

　　C．某些他汀类药物在提高啮齿动物的骨质方面比洛伐他汀更有效

　　D．一些新研制的药品被证明在治疗人类高胆固醇症方面比他汀类药物更有效

（38）以下哪个问题与研究人员衡量他汀类药物作为骨质疏松症治疗药物有效性最为相关？

　　A．是否所有人骨骼发育的速率相同？

　　B．骨质疏松症会对某些人影响更大吗？

C. 骨质疏松症会影响其他动物物种吗，还是只限于人类？

D. 是否人类骨骼的形成受某些因素的影响，而啮齿类动物却不受这一影响？

根据下面材料回答 39～40 题。

埃及最南部的无人沙漠在数千年前是人类的聚居地，最好的证明是考古学家在这里发现了很多燃烧后的木炭。研究人员对木炭进行了细致的研究，他们发现这些木炭来自 7000 年前的合欢树。合欢树的生长表明当时这一地区存在丰富的地下水。其他研究材料表明，这片沙漠在 7000 年前曾是疏木草原，后来由于气候的变化，这里的草原逐渐荒芜，最后终于变成了沙漠。那么新的问题是，沙漠的逐渐形成会不会就是埃及古国分崩离析的原因呢？

在埃及的邻国以色列，考古学家在一个山洞里发现了石钟乳。石钟乳形成时间漫长，且按层累积而成，每一层都代表着一个时期的地质特点。石钟乳在累积的过程中还会固化雨水。古代的雨水中含有轻氧和重氧两种氧元素，重氧比例大说明气候干燥，反则反之。研究者对以色列发现的石钟乳中的轻氧和重氧进行分析，发现大约 3500 年前以色列这一地区的降雨量骤减 30% 之多，这必然对当地的气候和人们的生活产生了重大的影响。

埃及与以色列相邻，两国的气候不同但也有相近之处，因此研究人员认为，当时发生在以色列的干旱同样发生在了埃及，甚至更为严重。这场大旱使得人们生活困难，最终导致了国家的灭亡。

(39) 上述材料主要探讨的是：

A. 气候对历史的影响

B. 埃及南部沙漠的形成背景

C. 埃及古国灭亡的原因

D. 古埃及和古以色列气候的对比分析

（40）以下哪项为真，最能支持"埃及南部沙漠有地下水"这一论断？

A．早期人类大多选择依水而居

B．合欢树只生长在地下水丰富的低洼地或绿洲

C．木炭的数量之大说明了这里曾人口密集

D．疏木草原多分布在土壤层浅薄、有水源的地方

二、样卷解析

（1）解析：本题的考点是判断例证与论题间的一致性。这段语料的论点是CO蛋白质很可能是调控开花基因的一种重要蛋白；给出的论据是，在植物开花时间较为集中的春季，当阳光充足时，植物体内的一种名为CO的蛋白质水平明显增高，而在非开花季节，CO的蛋白质水平急速下降。题干要求考生在四个选项中找到与研究者推测一致的事例，就是找到可以证明CO蛋白质能够影响植物开花的选项。辨析选项：A项，该选项讨论的是CO蛋白质对传粉昆虫具有吸引作用，而研究者讨论的是CO蛋白质与开花基因的关系，所以是无关选项；B项，CO蛋白质的含量越高，植物花期就越长，也就是说CO蛋白质能影响植物开花。这与研究者的推测"CO蛋白质能调控开花基因"是一致的，B项是正确选项；C项，该选项讨论的是CO蛋白质浓度随时间的变化趋势，这与研究者的推测"CO蛋白质能调控开花基因"无关；D项，该选项讨论的是CO蛋白质对FI蛋白质的影响，题干并未提及FI蛋白质，是无关选项。本题的正确选项是B。

（2）解析：本题的考点是判断例证与论题间的一致性。这段语料的论点是，开普敦地区犯罪数量的下降和禁酒令有关；给出的论据是，自2020年开普敦（南非第二大城市）实行"禁酒令"之后，南非的杀人案从2019年的150起降低到了2020年的43起。题干要求考生在四个选项中找到与该医生的判断相一致的事例，就是找到可以证明开

普敦地区犯罪数量的下降和"禁酒令"有关的选项。辨析选项：A 项，南非没有实行"禁酒令"的城市杀人案数量并未降低，通过对比论证，说明开普敦实行"禁酒令"有效地降低了犯罪数量，与该医生的判断相一致，A 项是正确选项；B 项，该医生的判断依据的是实行"禁酒令"之后杀人案的下降量，与实行"禁酒令"之前杀人案数量的多少无关；C 项，开普敦市市民每逢重大节日有喝酒狂欢的习惯，无法证明开普敦地区犯罪数量的下降和"禁酒令"有关；D 项，该选项讨论的是酒后驾车案件减少，题干讨论的是犯罪数量下降，话题不一致。本题的正确选项是 A。

（3）解析：本题的考点是判断例证与论题间的一致性。这段语料的论点是，早期现代人扩散到欧亚大陆的时间比此前考古学家认为的更早，而且更频繁；给出的论据是，2016 年在沙特阿拉伯发现了一节距今约 88000 年前的现代人类指骨，这是迄今为止在非洲以外或是在其邻近的地中海东部发现的最古老化石。题干要求考生在四个选项中找到与文中新观点一致的事例。辨析选项：A 项，该选项提到考古学者在中国南部发现了距今 4 万年前人类的牙齿，这比考古学家此前认为的"距今 6 万到 5 万年前，一批移民涌向欧亚大陆"的时间还要晚，而新观点认为"早期现代人扩散到欧亚大陆的时间比此前考古学家认为的更早"，与新观点相反；B 项，人们在阿曼山区（阿拉伯半岛南部）发现了距今 10 万年的人类石制工具，比考古学家此前认为的"距今 6 万到 5 万年前，一批移民涌向欧亚大陆"的时间更早，与新观点相一致，B 项是正确选项；C 项，该选项说的是古猿人化石，而题干说的是现代人，与古猿人并不是一回事，所以是无关选项；D 项，一些遗迹表明，约 12 万年前可能有第一批迁徙者走出非洲，但迁徙失败了。因此，无法推断早期现代人扩散到欧亚大陆的具体时间，也就无法证明新观点。并且，该项表述为"可能"，不具有支持作用。本题的正确选项是 B。

（4）解析：本题的考点是判断例证与论题间的一致性。这段语料的论点是，失忆症与神经连接蛋白的蛋白质合成量有重要关联；给出的论据是，研究人员发现，实验鼠体内神经连接蛋白的蛋白质如果合成过多，会引起假性失忆症。题干要求考生在四个选项中找到与文中观点一致的选项，就是找到可以证明失忆症与神经连接蛋白的蛋白质合成量有重要关联的选项。辨析选项：A项，神经连接蛋白正常不等于少，因此无法证明失忆症与神经连接蛋白的蛋白质合成量有重要关联；B项，该选项讨论的是雌性和雄性实验鼠体内神经连接蛋白的蛋白质量的差异，题干讨论的是失忆症与神经连接蛋白的蛋白质合成量的关系，话题不一致；C项，题干提到，实验鼠体内神经连接蛋白的蛋白质如果合成过多，会引起假性失忆症，而抑制神经连接蛋白的蛋白质合成可以缓解患失忆症实验鼠的症状，说明失忆症与神经连接蛋白的蛋白质合成量有重要关联，与文中观点一致，C项是正确选项；D项，去除实验鼠合成神经连接蛋白的关键基因，实验鼠记忆食物位置的能力明显高于正常鼠，说明失忆症与关键基因有关，但无从得知失忆症与神经连接蛋白的蛋白质合成量是否有重要关联。本题的正确选项是C。

（5）解析：本题的考点是根据所给信息通过内推或外推得出合理结论。辨析选项：A项，题干中提到"豆浆的生物效应在很大程度上受到其成分的影响，而其成分的变化又依赖于大豆种植地的气候、土壤以及晾干后的存储方法等条件。"，说明豆浆的功效受到各种外部条件的影响，并不是完全一样的，可以推出"并非所有的豆浆都有相同的防癌功效"，A项是正确选项；B项，题干只是提及了影响豆浆防癌功效的因素，但并没有说明在什么条件下功效最好，属于过度推断；C项，题干讨论的是豆浆对于防治癌症的积极作用，而不是过度饮用对身体健康的不良影响，所以是无关选项；D项，题干中只是提及豆浆可以减少儿童患白血病的风险，但是无法推出患白血病和豆浆饮用量之间的关系，也就无法推出白血病患儿和健康儿童的豆浆饮用量的差异。本题的正确选项是A。

（6）解析：本题的考点是根据所给信息通过内推或外推得出合理结论。辨析选项：A项，题干中提到"拱券结构的发展与演进，实际上是人类为了获得更多的室内空间的结果，而这种需求早在公元前1000年前的古希腊露天剧场就体现了出来"，说明古希腊时期人类就有获得更多室内空间的需求，A项是正确选项；B项，该选项说的是古罗马和古希腊建筑风格之间具有继承性，而题干并未提及建筑风格的相关内容，无法推出；C项，题干说的是古罗马拱券结构的发展与演进与内部空间的拓展有关，而不是古罗马建筑的发展与演进，偷换主语；D项，题干提及了拱券结构，但无从得知拱券结构是否为古罗马建筑的最大特色，属于无中生有。本题的正确选项是A。

（7）解析：本题的考点是将给出的概念、理论、程序等应用于不熟悉的给定环境中。禀赋效应的关键信息包括，①某种事物或者属性隶属于某个人；②这个人就会对这种事物或者属性的评价大大提高；③对于同一个人，失去某种事物的悲伤会远超得到某种事物的喜悦。题干要求考生在四个选项中找到存在禀赋效应的现象，就是找到能够满足禀赋效应关键信息的现象。辨析选项：A项，张阿姨爱惜家里的东西，80年代生产的显像管电视机一直没有淘汰，不是失去某种事物，不符合关键信息③；B项，某位研究生导师给了自己研究所学生更高的论文分数，只满足关键信息②；C项，小李认为自己购买的住房比周围小区的房子品质好很多，只满足关键信息②；D项，小区居民购买装饰树时愿意出价300元/棵，但需要砍伐时，则要求按400元/棵的价格赔偿，这说明居民认为砍伐树木带来的效用降低要多过种植树木带来的效用增加，因此要求更多的赔偿来弥补这一差距，符合禀赋效应的定义，D项是正确选项。本题的正确选项是D。

（8）解析：本题的考点是将给出的概念、理论、程序等应用于不熟悉的给定环境中。习得性无助的关键信息包括，①个体经历某种学习；②面临不可控情境时形成无论怎样努力也无法改变事情结果的不可控认知；③自我评价降低；④动机减弱到最低水平，无助感由此产生。题干要求考生在四个选项中找到属于习得性无助的选项，就是找到能够满足习得性无助的关键信息的选项。辨析选项：A项，"抽刀断水水更流，举杯消愁愁更愁"的意思是好像抽出宝刀去砍流水一样，水不但没有被斩断，反而流得更湍急了，举起酒杯痛饮，本想借酒消去烦忧，结果反倒愁上加愁。这两句古诗抒发的是诗人由于不得志而产生的愁绪，并不是因为经历某种学习而产生的无助，不符合关键信息①；B项，一个溺水的人在努力挣扎仍然无济于事之后会被淹死，这是由现实决定的，不是由不可控认知导致的，不符合关键信息②；C项，司机在红灯亮起时发现已经驶过了斑马线，干脆直接闯了红灯，没有体现学习的过程，不符合关键信息①；D项，小李说自己不是学数学的料，是因为在经过老师一学期的特别辅导后，仍然觉得学数学吃力，这使得他的自我评价降低，学习数学的动机减弱，产生了无助感。符合习得性无助的定义，D项是正确选项。本题的正确选项是D。

（9）解析：本题的考点是将给出的概念、理论、程序等应用于不熟悉的给定环境中。对偶中的反对的关键信息包括，①两句的意思相反、相对，包括意思相反、观点相斥、结果相异、情感相悖等；②形成鲜明对比。题干要求考生在四个选项中找到属于反对的选项，就是找到能够满足反对的关键信息的选项。辨析选项：A项，"问渠那得清如许，为有源头活水来"的意思是渠水之所以能够清澈，是因为有源头不断地为其提供新鲜的活水。这两句古诗没有相反或相对的意思，不符合关键信息①；B项，"在天愿作比翼鸟，在地愿为连理枝"的意思是在天上，我们愿作比翼齐飞的鸟；在地上，我们甘为永不分离的连理枝。这两句古诗没有相反或相对的意思，不符合关键信息①；C项，

"缕缕轻烟芳草渡，丝丝微雨杏花村"的意思是长满青草的渡口边升起缕缕青烟，杏花飘香的村子笼罩在丝丝细雨中。这两句古诗没有相反或相对的意思，不符合关键信息①；D项，"荷尽已无擎雨盖，菊残犹有傲霜枝"的意思是荷花凋谢连那擎雨的荷叶也枯萎了，只有那开败了菊花的花枝还傲寒斗霜。这两句诗在形式上是对偶，在意思上相反，形成了鲜明的对比，符合反对的定义，D项是正确选项。本题的正确选项是D。

（10）解析：本题的考点是将给出的概念、理论、程序等应用于不熟悉的给定环境中。失语症的关键信息包括，①神经中枢病损；②丧失口语、文字的表达和领悟能力。题干要求考生在四个选项中找到属于失语症的选项，就是找到能够满足失语症的关键信息的选项。辨析选项：A项，因车祸头部受创，说明神经中枢受损，符合关键信息①；虽能模仿他人言语但经常答非所问，说明丧失了口语、文字的领悟能力，符合关键信息②，属于失语症，A项是正确选项；B项，"狼孩"由狼或其他野兽哺育长大的孩子，但其神经中枢没有病损，不符合关键信息①；C项，受刺激导致的精神失常，不属于神经中枢病损，不符合关键信息①；D项，因高烧导致的听力受损，不属于神经中枢病损，不符合关键信息①。本题的正确选项是A。

（11）解析：本题的考点是将给出的概念、理论、程序等应用于不熟悉的给定环境中。感觉适应现象的关键信息包括，①同一感受器；②持续作用；③感觉阈限发生变化；④对后来的刺激物的感受性提高或降低。题干要求考生在四个选项中找到属于感觉适应现象的选项，就是找到能够满足感觉适应现象的关键信息的选项。辨析选项：A项，"近朱者赤，近墨者黑"的意思是，靠着朱砂的变红，靠着墨的变黑，比喻接近好人可以使人变好，接近坏人可以使人变坏。没有涉及到感觉，不符合定义；B项，"一朝被蛇咬，十年怕井绳"比喻遭过一次伤害以后就害怕遇到同样或类似的事物或事件。没有涉及刺激物的持续作用，不符合关键信息②；C项，"余音绕梁，三日不绝"的意思是音乐长久地在屋梁上回荡，形容歌声高亢、优美悦耳，余味无穷。没有涉及感觉阈限发生变化，不符合关键信息③；D项，"入鲍鱼之肆，久而不闻其臭"的意思是进入了卖咸鱼的店铺，久而久之就闻不到咸鱼的臭味了。说明臭味持续地作用于人的嗅觉，使人的嗅觉阈限改变，对臭味的感受性降低，符合感觉适应现象的定义，D项是正确选项。本题的正确选项是D。

（12）解析：本题的考点是识别作者未言明的意图、结论、影响。根据文段可知，作为饮料消费的主流——25～35岁的消费者群体，他们想要明亮、色彩大胆的产品，有调查表明，37%的消费者认为蓝色是一种能够提振情绪的颜色，表现优于其他颜色，在25～35岁的消费者中这一比例为50%，而15～24岁的消费者群体中这一比例上升到60%。题干要求考生在四个选项中找到题干信息最能支持的结论，就是识别作者未言明的结论。辨析选项：A项，与黄色和橙色饮料相比，年轻人更喜欢蓝色饮料，年轻消费者认为蓝色是能够提振情绪的颜色，不代表他们比黄色或者橙色饮料更喜欢蓝色饮料，A项结论无法得出；B项，题干中的统计数字证明，消费者越年轻对蓝色饮料的认可度越高，年轻人是饮料消费的主力军，因此可以得出未来蓝色饮料的市场占有率再创新高，B项为正确答案；C项，市场上的蓝色饮料将更加丰富和多元，题干只能表明蓝色饮料近期受到欢迎，但是蓝色饮料的进一步发展问题并没有提及，因此C选项不能得出；D项，消费者年龄越小，选择饮料时越容易受到色彩的影响，题干中提到消费者年龄越小对蓝色饮料提振情绪的价值认可度越高，没有提及颜色对他们的影响，故无法得出D选项结论。

（13）解析：本题的考点是识别作者未言明的意图、结论、影响。文段提到春秋季属于季节夏季风与冬季风切换，天气系统及冷空气活动频繁，导致气温起伏比较剧烈。尤其是秋季，前期基础温度比较高，一次冷空气开始之前往往出现明显升温，冷空气影响后降温幅度非常大，容易形成"断崖式"降温，相对容易达到寒潮标准。而隆冬时节，基础气温本来就低，冷空气来袭时降温幅度往往有限，达到寒潮标准的情况就相对较少。题干要求考生在四个选项中找到以上信息最能支持的结论，就是要识别作者未言明的结论。辨析选项：A 项，寒潮的判定标准不合理，根据文段内容寒潮的判断标准与温度差有关，但没有讨论是否合理，A 项为无关选项；B 项，秋季是气温变动最大的季节，文段中提到秋季容易形成大幅度降温，但是这不能说明秋季是气温变动最大的季节；C 项，寒潮并非在最冷的时候发生率最高，根据文段内容可以推知气温变动大的秋季和春季容易形成寒潮，气温最冷的冬季因为基础气温低，气温变动没有秋季、春节大，所以发生率没有上述两个季节高，因此 C 项是正确选项；D 项，秋季的寒潮比冬季的寒潮更容易让人生病，文段只讨论了几个季节寒潮的发生率，并没有讨论对人们生病的影响，D 项为无关项。本题的正确选项是 C。

（14）解析：本题的考点是识别作者未言明的意图、结论、影响。文段的关键信息是，调查问卷在语言设计方面的问题会影响调查的结果。题干要求考生在四个选项中找到能够从上述信息中推出的结论，就是要识别作者未言明的结论。辨析选项：A 项，调查问卷在语言设计方面的问题会影响调查的结果，说明调查的结果并不是完全准确的，即问卷调查的结果通常不能完全反映实际情况，A 项是正确选项；B 项，题干讨论的是问卷的语言问题会影响结果的准确性，与被调查是否如实回答问题无关；C 项，被调查者是否具备识别语境、语言的歧义的能力，从题干信息中无从得知；D 项，根据文段可知，语言设计和提问设计都会影响调查结果的准确性，二者同样重要。本题的正确选项是 A。

（15）解析：本题的考点是识别论题和论证的意图。文段给出的主要信息是，司机和交警就某地高速公路将某一路段的限速降低展开了一番争论。司机甲认为，调整限速既会降低高速公路的使用效率，也会使一些有经验的司机违反交规。交警乙认为，只要司机愿意，他们都可以在规定的速度内行驶。因此，对最高时速的调整并不是导致某些违规行为的原因。题干要求考生在四个选项中找到对司机甲和交警乙的争论焦点概括得最准确的选项，就是找到二人争论的问题所在。辨析选项：A 选项与交警乙的观点无关；B 选项与司机甲的观点无关；C 选项与交警乙的观点无关；D 项，司机认为是最高时速的调整导致违规行为，而交警认为是司机个人的主观原因，即二人争论的焦点在于修改高速公路限速是否能导致有经验的司机违反交规，D 项是正确选项。本题的正确选项是 D。

（16）解析：本题的考点是识别作者的假设、视角。这段语料已有的前提是，砂岩中也发现了带羽毛的恐龙化石。给出的论断是，在全球范围内都很有可能发现带羽毛的恐龙化石。题干要求考生在四个选项中找到可以使上述论断成立的前提，就是要在已知前提和论断之间搭桥，即证明"砂岩"和"全球范围"之间有联系。辨析选项：A 项，有羽毛的恐龙大量存在，不一定在全球范围内都有，无法得到上述论断；B 项，砂岩是否坚固，与全球范围内都有恐龙化石无关，无法得到上述论断；C 项，羽毛容易沉积在化石中，不代表全球范围内都有该化石，无法得到上述论断；D 项，该选项指出了砂岩在地球上分布广泛，是一种最常见的保存恐龙遗骸的岩石，说明在砂岩中发现恐龙化石，就意味着在全球范围内都可能发现恐龙化石，在"砂岩"和"全球范围"之间搭桥，能够推出上述论断，D 项是正确选项。本题的正确选项是 D。

（17）解析：本题的考点是识别作者的假设、视角。这段语料已有的前提是，橄榄油中的羟基酪醇，可以有效地抑制丙烯醛带来的危害。给出的论断是，常食用橄榄油可以有效地保护吸烟者的眼睛。题干要求考生在四个选项中找到可以使上述论断成立的前提，就是要在已知前提和论断之间搭桥，即证明"羟基酪醇"和"食用橄榄油"之间有联系。辨析选项：A 项，常吃橄榄油的吸烟者的肺功能如何与本研究无关；B 项，橄榄油中含有多种对视力保护有益的物质，但这些物质未必可以被吸收，无法得到上述论断；C 项，橄榄油中的羟基酪醇易于被人体吸收，所以食用橄榄油才能保护吸烟者的视力，能够得到上述论断，C 项是正确选项；D 项，丙烯醛可以在橄榄油中溶解并生成对人体无害的物质，只能说明橄榄油能抑制丙烯醛带来的危害，至于吸烟者能否通过食用橄榄油保护眼睛是未知的，无法得到上述论断。本题的正确选项是 C。

（18）解析：本题的考点是识别作者的假设、视角。这段语料已有的前提是，通过粪化石样本，人们发现 Saladoid 部落经常生吃鱼肉，而 Huecoids 部落更偏好玉米和真菌类食物；给出的传统观点是，两个部落因地缘相近应属于同一文化。题干要求考生在四个选项中找到可以质疑传统观点的前提，就是在已知前提和传统观点之间拆桥，即证明不同的食物类型属于不同的文化。辨析选项：A 项，部落饮食习惯的差异直接反映了不同的文化属性，说明吃生鱼肉的 Saladoid 部落和吃玉米和真菌类食物的 Huecoids 部落具有不同的文化属性，因此，他们不属于同一文化，质疑了传统观点，A 项是正确选项；B 项，波多黎各别克斯岛居民从古至今都以海鲜类物品为主要食物来源，说明两个部落属于同一文化，支持了传统观点；C 项，以化石中遗留下来的肠道细菌为线索可以推测部落的饮食习惯，这是能够进行粪化石检验的前提，无法质疑传统观点；D 项，两个民族是否有日常交流，与是否属于同一文化无关，无法质疑传统观点。本题的正确选项是 A。

（19）解析：本题的考点是评估论证对论题的支撑程度。这段语料的论点是，银河系内几乎处处有宜居的星球；给出的论据是，研究人员在观察开普勒太空望远镜发现的数千颗太阳系外行星后，发现银河系内拥有大量的行星，几乎每一颗恒星周围都存在行星，许多恒星系统内存在两至六颗行星，其中约三分之一的行星处于宜居带上，行星表面的温度适合液态水存在。题干要求考生在四个选项中找到最能支持上述结论的选项，就要找到能够证明银河系内几乎处处有宜居的星球的选项。辨析选项：A项，存在水资源就有生命存在的可能性，有一定的加强效果，但不一定能完成生命进化，不能说明银河系内是否处处有宜居的星球，无法支持结论；B项，银河系某一颗恒星的卫星可能存在生命，属于个例，无法说明银河系内几乎处处有宜居的星球；C项，"科学家一直尝试验证"，说明"恒星系统内存在两至六颗行星"不具有可信性，削弱了结论；D项，大量红矮星周围环绕着与地球类似的行星，并且存在水和大气层，类比论证说明银河系存在宜居的星球，支持了结论，D项是正确选项。本题的正确选项是D。

（20）解析：本题的考点是评估论证对论题的支撑程度。这段语料的论点是，如果18至19世纪中国国内没有出现叛乱和内战，票号和它的银行帝国就不可能出现。题干要求考生在四个选项中找到最能支持以上论述的选项，因为题干没有给出论据，所以可以通过补充论据的方式支持论述。辨析选项：A项，清政府默许私人票号的出现，补充了其他原因，削弱了论述；B项，因为内陆战乱，在行商时携带大量白银变得愈发危险，汇票则成为一种安全的服务，由此推动了票号和银行帝国的产生，补充了论据，可以支持论述，B项是正确选项；C项，该选项讨论的是晋商的重要性，而题干讨论的是票号和银行帝国出现的原因，话题不一致，无法支持论述；D项，题干指出无论晋商多么活跃地参与跨欧亚实物贸易，如果没有出现叛乱和内战，票号和它的银行帝国就不可能出现，因此，无法支持论述。本题的正确选项是B。

（21）解析：本题的考点是评估论证对论题的支撑程度。这段语料的论点是，我们的想法是由环绕在我们四周的、与我们相关的世界组成的，即意识是现实的产物；给出的论据是，在睡眠中或在精神类药物的作用下，没有任何人能够通过意识感受到在自然界中不存在的色彩。题干要求考生在四个选项中找到最能支持以上论述的选项，就要找到能够证明意识是现实的产物的选项。辨析选项：A项，在某些大脑受损或小脑受损的情况下，个体还能够有自我意识，说明意识不仅仅是由大脑产生的，补充了论据，能够支持论述，但只是个例，支持力不强；B项，意识体验是感官对现实事物的筛选，说明意识是现实的产物，加强了论点，最能支持题干论述，B项是正确选项；C项，该选项讨论的是意识能否被观察到，而题干讨论的是意识是由何产生的，话题不一致，无法支持论述；D项，该选项讨论的是意识体验的特征，而题干讨论的是意识是由何产生的，话题不一致，无法支持论述。本题的正确选项是B。

（22）解析：本题的考点是评估论证对论题的支撑程度。这段语料的论点是，单体气化炉的大型化，必将大大推进生物质热解气化产业的普及化；给出的论据是，世界生物质热解气化领域，一般把5000千瓦（1千瓦=860大卡）装机的生物质天然气发电项目称为大型项目，这说明生物质热解天然气生产设备单体炉产气量显著偏小。中国一公司研发的"全气化集成设备"，气化率高达85%以上、单炉产气量1.51～1.6立方/公斤、平均热值为2033大卡/立方。该设备单套产气量达20000立方/小时，实现了生物质热解全气化设备的大型化。题干要求考生在四个选项中找到最能支持该公司预测的选项，就要找到能够证明"单体气化炉的大型化，必将大大推进生物质热解气化产业的普及化"的选项。辨析选项：A项，生物质热解天然气的大型化可有效降低户均安装成本和使用、维护成本，成本低，使用率就高，能够促进该产业的普及化，A项是正确选项；B项，实际使用中生物质热解全气化设备的最高生产效率可以达到理论值,与推进普及化无关;C项,该设备在生态减碳减排方面的优势,与推进普及化无关;D项,该选项讨论的是我国可利用未利用生物质秸秆量庞大,与推进普及化无关。本题的正确选项是A。

(23)解析:本题的考点是识别逻辑缺陷。这段语料的论点是,左撇子比一般人更容易出事故,临患疾病的概率也比右撇子的人高;给出的论据是,加拿大不列颠哥伦比亚大学一份调查报告表明:左撇子比一般人更容易出事故,他们的平均寿命比惯于用右手的短9年。研究人员在美国南加州取得了一份去世者名单,在统计了近2000例数据之后,发现左撇子平均寿命为66.3岁,而惯用右手的人平均寿命为75岁。调查显示,交通事故造成的左撇子死亡比普通人群高五倍。左撇子的人比右撇子的人患糖尿病和免疫系统疾病的比例更高。辨析选项:A项,绝大多数工具专为惯用右手的人群设计,不适用于左撇子,选项说明的是工具的设计,与论点左撇子容易出事故无关;B项,左撇子在人群中的比例随着年龄增加而减少,左撇子在人群中比例变小也可能是源于自然分布,不能说明左撇子生病或者死亡的概率高;C项,美国南加州的去世者研究的样本均为80岁以上的男性,这说明题干中给出的研究也就是论据是有缺陷的,样本偏颇没有代表性,因此C项是正确选项;D项,目前加拿大最长寿的老人年龄超过了110岁,他是位"左撇子",这只是一个个例,不能证明左撇子出事故或者临患疾病的概率比右撇子的人高。本题的正确选项是C。

(24)解析:本题的考点是识别逻辑缺陷。这段语料的论点是,人们关于化学工业危害人类健康的担心是多余的;给出的论据是,统计数据表明,这半个世纪以来,化学工业发达的发达国家的人均寿命增长率,大大高于化学工业不发达的发展中国家。题干要求考生在四个选项中找到最能削弱研究结论的选项。辨析选项:A项,在化学工业发达的发达国家中，化学工业集中的地区人均寿命很低，这一选项指出了题干论据中隐藏的缺陷，不是工业发达国家人均寿命没有受到工业污染的影响，而是这些国家并不是所有的地区都是化学工业发达的地区，化学工业不发达地区的人均寿命没有受到影响，而化学工业发达地区的人均寿命比较低，还是受到了影响，因此，A 项是正确选项；B 项，化学工业不发达的发展中国家的大气污染水平不比发达国家低，只是说明了大气污染情况这只是环境污染的一个方面，不能充分质疑结论；C 项，化学工业不发达的发展中国家人口结构中老年人年轻人占比很高，一个国家的人口结构受多种因素影响，不能说明化工污染减少了人们的寿命；D 项，化学工业发达的发达国家污染防治技术更发达，本题讨论的是化学工业对人体健康的危害，并没有讨论污染治理技术问题，因此 D 选项为无关选项。本题的正确选项是 A。

（25）解析：本题的考点是识别逻辑缺陷。这段语料的论点是，孩子在出生的第四年甚至更早被送去托儿机构看护会导致其少年时期不安全感骤升，也更容易依赖母亲；给出的论据是，学者调查了 469 名 12～13 岁的少年，请他们参加情景测试，该项测试能够有效测量被试和对母亲的依赖状况。结果表明，39% 在 4 岁和 4 岁前曾在托儿机构看护的少年和 16% 同一时期在家看护的少年被认定为过于依赖母亲。题干要求考生按照对文中结论质疑的强度，将四个单项由高到低进行排序。辨析选项：①项，调查中在家看护的孩子多数由祖父母或外祖父母看护，所以他们应该对祖父母或外祖父母更加依赖，这会影响到孩子对母亲的依赖状况，质疑强度较大；②项，该学者对于托儿机构的态度，并不会影响实验结果，无法质疑结论；③项，实验中的男女童数量不一样，男女的性别差异会在一定程度上影响到实验的结果，具有一定的质疑强度；④项，该项说明本实验中的孩子是因为过于依赖母亲才被送去托儿机构，而不是因为送去托儿机构而变得依赖母亲，因果倒置，质疑强度最强。综上，按照质疑强度由高到低的排序应该是④①③②。本题的正确选项是D。

（26）解析：本题的考点是识别逻辑缺陷。这段语料的论点是，XL学研究算不上是科学研究；给出的论据是，270位研究人员试图重复100项XL学的研究，但只有36%重复试验的结果与原始研究一致，其余均无法重复。题干要求考生在四个选项中找到最能支持人们质疑的选项，就要找到最能支持"XL学研究算不上是科学研究"的选项。辨析选项：A项，XL学研究通常以数据作为支撑，这只是该学科的特性，无法支持人们的质疑；B项，如果可重复性是科学研究的重要标准，那么100项XL学的研究中只有36%重复试验的结果与原始研究一致，就说明该学科并不是科学研究，支持了人们的质疑，B项是正确选项；C项，该项讨论的是XL学科成熟的标志，而题干讨论的是XL学科是否科学，话题不一致，无法支持质疑；D项，《科学》杂志刊文的数据是否真实可靠，与重复试验的结果无关，所以无法支持质疑。本题的正确选项是B。

（27）解析：本题的考点是检查信息、证据的代表性。这段语料的论点是，献血有利于降低高血压发病率；给出的论据是，某国际卫生组织在全球范围内进行了一项献血对高血压影响的调查。调查对象分为三组，第一组为献血3～10次的献血者；第二组为献血次数为1～2次的献血者；第三组为没有献血经历的人。经过10年的跟踪，研究发现，第一组人高血压的平均发病率为0.35%；第二组人的平均发病率为0.76%；第三组人的平均发病率为1.2%。题干要求考生在三个选项中找到能削弱上述结论的选项，就要找到能削弱"献血有利于降低高血压发病率"的选项。辨析选项：①项，60岁以上的调查对象在三个观察组中的比例不一样，这会导致60岁以上占比高的观察组，高血压发病率更高，影响了实验结果的准确性，削弱了上述结论；②项，调查对象来自发展中国家还是发达国家，都不会影响实验结果，无法削弱结论；③项，该调查研究的是高血压的发病率，不是人数，观察组的人数差异不会影响实验结果，无法削弱结论。所以，只有①能够削弱结论。本题的正确选项是 A。

（28）解析：本题的考点是识别论证链条。这段语料的论证结构是：先否定原论题（多吃添加海盐的食物不会引起高血压是不对的）。再通过 A→B→C 的因果关系来论证观点（多吃添加海盐的食物→发胖→高血压，多吃添加海盐的食物→高血压）。所以，多吃添加海盐的食物不会引起高血压是不对的。题干要求考生在四个选项中找到与小欧的论证结构最为相似的选项。辨析选项：A 项，劣质汽油→发动机的非正常老化→非常油耗，劣质汽油→非常油耗，所以，劣质汽油不会引起汽车非正常油耗的说法是不对的，与小欧的论证结构最为相似，A 项是正确选项；B 项，该项先肯定了原论题，与小欧的论证结构相反；C 项，该项先肯定了原论题，与小欧的论证结构相反；D 项，高尿酸血症和痛风是同一种病的不同阶段，所以高尿酸血症和痛风不存在因果关系，与小欧的论证结构不同。本题的正确选项是 A。

（29）解析：本题的考点是识别论证链条。这段语料的论证结构是：通过一个现象（落叶）判断事物的本质（秋天的来临）。题干要求考生在四个选项中找到与上述论证最为相似的选项。辨析选项：A 项，a＞b，b＞c，与题干论证不同；B 项，因为听到了鸣笛声，所以推测水烧开了，是通过现象来判断事物本质，因此 B 项为正确选项；C 项，因为所有哺乳动物都是有脊椎的，人是哺乳动物，所以推测人是有脊椎的，为三段论，与题干论证不同；D 项，因为大连三面环海，所以大连一定是海洋性气候，属于直接推断，与题干论证方式不同。本题的正确选项是 B。

（30）解析：本题的考点是考虑相反的论点和进一步的研究。这段语料论述的主要内容是，由于吹绵蚧严重影响美国柑橘的产量，于是引进了吹绵蚧的天敌澳洲瓢虫，散放后的第二年和第三年，吹绵蚧的数量明显下降，柑橘产量大幅提升，但是引入后的第四年，柑橘产量又大幅下降。题干要求考生在四个选项中找到最能解释上述现象的选项，就要找到造成该现象的主要原因是什么。辨析选项：A项，如果从1889年开始，柑橘价格就大幅下滑，那么第三年柑橘产量就该下降了，但是题干提到，柑橘产量是从引入澳洲瓢虫后的第四年才开始下降的，无法解释上述现象；B项，其他果园的产量下降与柑橘园的产量下降无关，不能解释上述现象；C项，连续几年的过多结果使得柑橘树的养分无法进一步支持雌花结果，这直接导致了柑橘产量的下降，最能解释上述现象，C项是正确选项；D项，如果主产区存在大量澳洲瓢虫的天敌蜘蛛，那么从一开始吹绵蚧的数量就不会明显下降，柑橘产量也不会提升，无法解释上述现象。本题的正确选项是C。

（31）解析：本题的考点是识别论证链条。这段语料论述的主要内容是，李工程师提出论点，先进的医疗技术和设施，对于人类生命和健康起的保护作用，对成人比对婴儿显著得多。基于的论据是，一项权威性的调查数据显示，在医疗技术和设施最先进的美国，婴儿死亡率在世界上排在第17位。张研究员反驳了李工程师的论证。他提出的论点是，较之医疗技术和设施而言，较高的婴儿死亡率更可能是低收入的结果。基于的论据是，一个国家所具备的先进的医疗技术和设施，并不是每个人都能均等地享受的。题干要求考生在四个选项中找到最为恰当地概括张研究员反驳李工程师所使用的方法的选项。辨析选项：A项，张研究员的反驳是基于李工程师援引的数据之上的，这说明他并没有对李工程师的论据提出质疑；B项，张研究员对他援引的数据提出了另一种解释，即较之医疗技术和设施而言，较高的婴儿死亡率更可能是低收入的结果，B项是正确选项；C项，张研究员在反驳中并没有对李工程师的结论提出质疑，只是指出，一个国家所具备的先进的医疗技术和设施，并不是每个人都能均等地享受的；D项，张研究员的反驳并没有涉及李工程师的论证中是否存在偷换概念的问题。本题的正确选项是B。

（32）解析：本题的考点是识别作者的假设、视角。这段语料论述的主要内容是，李工程师提出论点，先进的医疗技术和设施，对于人类生命和健康起的保护作用，对成人比对婴儿显著得多。基于的论据是，一项权威性的调查数据显示，在医疗技术和设施最先进的美国，婴儿死亡率在世界上排在第17位。张研究员反驳了李工程师的论证。他提出的论点是，较之医疗技术和设施而言，较高的婴儿死亡率更可能是低收入的结果。基于的论据是，一个国家所具备的先进的医疗技术和设施，并不是每个人都能均等地享受的。题干要求考生在四个选项中找到张研究员的反驳基于的假设的选项。辨析选项：①项，在美国，享受先进的医疗技术和设施，需要一定的经济条件，所以婴儿的收入低，死亡率也低；②项，在美国，存在着明显的贫富差别，所以不是每个人都能均等地享受先进的医疗技术和设施，低收入造成了婴儿的较高死亡率；③项，如果在美国，先进的医疗技术和设施，主要用于成人的保健和治疗，那么李工程师的论证就是正确的，与张研究员的反驳不符。所以，只有①和②是张研究员的反驳基于的假设。本题的正确选项是B。

（33）解析：本题的考点是识别逻辑缺陷。这段语料论述的主要内容是，李工程师提出论点，先进的医疗技术和设施，对于人类生命和健康起的保护作用，对成人比对婴儿显著得多。基于的论据是，一项权威性的调查数据显示，在医疗技术和设施最先进的美国，婴儿死亡率在世界上排在第17位。张研究员反驳了李工程师的论证。他提出的论点是，较之医疗技术和设施而言，较高的婴儿死亡率更可能是低收入的结果。基于的论据是，一个国家所具备的先进的医疗技术和设施，并不是每个人都能均等地享受的。题干要求考生在四个选项中找到最有力地削弱张研究员的反驳的选项，就要找到能够削弱"较高的婴儿死亡率更可能是低收入的结果"的选项。辨析选项：A项，如果张研究员的解释成立，则被迫无法享受先进医疗的，就不仅包括贫穷的婴儿，而且包括贫穷的成人。这样，不仅婴儿死亡率会相对较高，成人死亡率也同样如此，这又不可避免地会使得美国人均寿命在世界上的位次变得相对较低。该选项断定美国的人均寿命占世界第二，这就有力地削弱了张研究员的反驳，A项是正确选项；B项，如果该选项为真，能支持李工程师的结论，但是否能削弱张研究员的反驳，还得取决于美国百岁老人中低收入者所占的比例，如果这种比例非常低，那么，这不但没有削弱，反而加强了张研究员的反驳；C项，美国的婴儿死亡率呈逐年下降趋势，无法削弱张研究员的反驳；D项，拯救婴儿免于死亡的医疗要求高于成人，无法削弱张研究员的反驳。本题的正确选项是A。

（34）解析：本题的考点是识别论题和论证的意图。根据题意，史密斯的观点是：《国际珍稀动物保护条例》的保护对象中，应当包括杂种动物。其根据是：《国际珍稀动物保护条例》的保护对象中，包括赤狼。赤狼是杂种动物。既然赤狼明显需要保护，所以杂种动物也需要保护。张大中的观点是：国际珍稀动物保护条例的保护对象中，不应当包括杂种动物。其根据是：如果某种杂交动物物种灭绝的话，可以通过动物的杂交来重新获得它。因此，两人争论的焦点是：《国际珍稀动物保护条例》的保护对象中,是否应当包括杂种动物,C项是正确选项。A项，张大中与史密斯的争论焦点是杂种动物是否该被列为保护对象，而不是赤狼是否能通过山狗与灰狼的杂交获得；B项，两人的争论根本没有提及目前赤狼是否有灭绝危险；D项，两人的争论根本没有提及赤狼等杂种动物应该如何进行保护。本题的正确选项是C。

(35)解析：本题的考点是根据所给信息通过内推或外推得出合理结论。这段语料的论点是，赛马饲养者的看法（一旦发现赛马有遗传缺陷应停止饲养）是片面的，即不应当禁止饲养有遗传缺陷的赛马；给出的论据是，一般地说，此种疾病可以通过饮食和医疗加以控制。另外，有此种遗传缺陷的赛马往往特别美，这正是马术表演特别看重的。题干要求考生在四个选项中找到最为准确地概括题干所要论证的结论的选项，就要找到题干的论点。辨析选项：A项，题干并未对赛马的外表和缺陷进行比较，无法判断谁更重要；B项，有遗传缺陷的赛马轻则丧失赛跑能力，重则瘫痪甚至死亡，实际上并不适合参加比赛；C项，题干反驳了赛马饲养者的观点，也就是认为不应当绝对禁止饲养有遗传缺陷的赛马，C项是正确选项；D项，题干提到，一般地说，有遗传缺陷的赛马可以通过饮食和医疗加以控制，但是我们无从得知，一些有遗传缺陷的赛马的疾病未得到控制，是由于缺乏合理的饮食或必要的医疗，其原因可能是复杂的。本题的正确选项是C。

(36)解析：本题的考点是识别论证链条。这段语料的论证过程是，首先反驳赛马饲养者的看法（一旦发现赛马有遗传缺陷应停止饲养），即不应当禁止饲养有遗传缺陷的赛马；然后给出论据，一方面，赛马的遗传缺陷可以控制；另一方面，有遗传缺陷的赛马往往外形漂亮，这反而是它们进行马术表演的一项优势。因此，得出了与赛马饲养者相反的结论。题干要求考生在四个选项中找到最能准确地概括题干论证所用方法的选项。辨析选项：A项，题干并未对赛马饲养者的冬季进行质疑；B项，题干没有论证赛马饲养者的结论与其论据自相矛盾，题干承认赛马饲养者的论据，但是又提出了新的论据；C项，题干并未对赛马饲养者的论据提出质疑；D项，题干并未否定赛马饲养者的论据，而是提出新的思路，得出与其不同的结论，D项是正确选项。本题的正确选项是D。

(37)解析：本题的考点是识别逻辑缺陷。这段语料的论点是，他汀类药物可能成为治疗骨质疏松症的有效药物；给出的论据是，在给老鼠连续5天每天3次注射洛伐他汀后，接受药物的老鼠骨骼比只接受安慰剂的老鼠的骨骼大接近50%。题干要求考生在四个选项中找到最能削弱他汀类药物可以成为治疗骨质疏松症有效药物的论断的选项，就要证明他汀类药物不能成为治疗骨质疏松症有效药物。辨析选项：A项，用于临床试验的他汀类药物剂量远高于人类的安全剂量，说明人类无法承受同样剂量的他汀类药物，故该药物无法用来治疗骨质疏松，削弱了论断，A项是正确选项；B项，洛伐他汀对啮齿动物没有副作用，无法得知对人类是否有效，无法削弱论断；C项，该项讨论的是洛伐他汀与其他他汀类药物的效果对比，对于人类骨质疏松的治疗效果未知，无法削弱论断；D项，该项讨论的是治疗人类高胆固醇症的药品，而题干讨论的是治疗人类骨质疏松的药品，话题不一致。本题的正确选项是A。

(38)解析：本题的考点是考虑相反的论点和进一步的研究。题干指出，骨质疏松症的特点是骨头变细，目前的治疗方法是降低骨质的流失速度，但这样做并不能提高病人的骨密度和促进骨骼形成。题干要求考生在四个选项中找到与研究人员衡量他汀类药物作为骨质疏松症治疗药物有效性最为相关的选项。辨析选项：A项，所有人骨骼发育的速率是否相同，与衡量他汀类药物是否有效无关；B项，骨质疏松症对不同人的影响，与衡量他汀类药物是否有效无关；C项，骨质疏松症是否只影响人类，与衡量他汀类药物是否有效无关；D项，研究人类与啮齿类动物在骨骼形成的影响因素上是否存在差别，可以进一步判断对啮齿类动物有效的他汀类药物是否对人类也有相同的效果，与该研究最为相关，D项是正确选项。本题的正确选项是D。

(39)解析：本题的考点是识别论题和论证的意图。这段语料的主要内容是，首先提出了一种推测，即沙漠的逐渐形成会不会就是埃及古国分崩离析的原因呢？然后通过对以色列发现的石钟乳的元素分析，发现大约3500年前以色列某地区的降雨量骤减30%之多，这必然对当地的气候和人们的生活产生了重大的影响。而埃及与以色列相邻，气候有相似之处，因此研究人员认为，当时发生在以色列的干旱同样发生在了埃及，甚至更为严重。最后，指出是这场大旱导致了埃及古国的灭亡。题干要求考生在四个选项中找到上述材料主要探讨的内容的选项，就是找出题干材料讨论的核心是什么。辨析选项：A项，题干材料讨论的核心是埃及古国的灭亡，并不是历史，范围扩大了；B项，埃及南部沙漠的形成背景只是为了引出对埃及古国灭亡的推测，并不是讨论的重点；C项，题干材料从一开始问题的提出，到推测的验证，再到得出结论，始终围绕的核心都是探讨埃及古国灭亡的原因，C项是正确选项；D项，材料只是提到古埃及和古以色列气候相近，并没有展开对比分析，不是探讨的重点。本题的正确选项是C。

（40）解析：本题的考点是评估论证对论题的支撑程度。语料中提到，考古学家对埃及南部沙漠中燃烧后的木炭进行了细致的研究，发现这些木炭来自7000年前的合欢树。合欢树的生长表明当时这一地区存在丰富的地下水。其他研究材料表明，这片沙漠在7000年前曾是疏木草原，后来由于气候的变化，这里的草原逐渐荒芜，最后终于变成了沙漠。题干要求考生在四个选项中找到最能支持"埃及南部沙漠有地下水"这一论断的选项，就是要证明这一论断的合理性。辨析选项：A项，早期人类大多依水而住，但无法得知当时埃及南部沙漠地区的人们是否依水而住，无法支持论断；B项，题干提到，这些木炭来自7000年前的合欢树，如果合欢树只生长在地下水丰富的低洼地或绿洲，那么就说明埃及南部沙漠有地下水，支持了论断，B项是正确选项；C项，人口密集不代表有地下水的存在，无法支持论断；D项，疏木草原多分布在土壤层浅薄、有水源的地方，但是有水源不代表有地下水，无法支持论断。本题的正确选项是 B。

第三章
CCHA 的质量验证与等值方案设计

一项测试能否推广，关键在于这项测试的可靠性、有效性和科学性，也就是说，归根到底在于测试本身的质量。因此，测试的质量验证是测试体系建设中至关重要的一个部分。在标准化测试中，等值指的是将一个测验不同版本试卷的分数统一在一个量表上的过程。等值是一项测试保持稳定、公平的基础，因此测试的等值方案设计对测试体系的建立也具有重要意义。一般来说，测试的质量验证和等值方案设计需要基于试测数据来完成。因此，我们在这一章将根据 CCHA 在三所高等院校中的试测数据，介绍 CCHA 的质量和等值方案的设计。

第一节 测试质量验证

一、测试样本

本研究在两所研究型大学 A、C，一所地方本科大学进行了测试 B，样本具体情况见表 3-1。被试的招募方式均为自愿参与。其中，在研究型大学 A 测试了两次，第二次测试为追踪测试，测试的对象仅限于参加过第一次测试的同学，时间间隔为 1 年，两次测试使用了两套不同的试卷。

因为测试成绩不影响考生的学业成绩，考生参加测试的动机较弱，因此本研究采用相对严格的数据清洗方法，删除作答时间异常、测谎题错误、某一选项连续出现次数过多、答题有效率不足 80% 等几类作答数据。

表 3-1 测试样本基本信息

参加院校	被试的年级	试卷	参加人数	有效样本数	有效样本比
研究型大学 A	1	I 卷	2020	1514	75%
地方本科大学 B	1—3	I 卷	4186	3037	73%
研究型大学 C	1	II 卷	269	208	77%
研究型大学 A（第二次测试）	2	II 卷	121	98	81%

二、信度

信度是反映测试结果受到随机误差影响程度的指标，是评价测试质量的基本标准之一。本研究首先采用使用最广泛的 Cronbach α 系数来分析试卷的信度。经过计算，中国大学生高阶思维能力测试的 Cronbach α 系数为 0.92。吴明隆认为，对于量表信度，Cronbach α 系数处于 0.65～0.70 勉强可以接受；处于 0.70～0.80 可以接受；处于 0.80～0.90 信度佳；处于 0.90 以上说明量表信度非常理想（吴明隆，2010）。按照这一标准，CCHA 的信度指标已达到了"非常理想"的标准。

测试各分测验间的一致性也可以反映一项测试的信度。CCHA 包括"理解""分析""评论"三个分测验。分测验间的相关性分析显示，CCHA 的三个分测验间相关系数中等偏高，均在 0.01 水平上显著（见

表3-2），说明这项测试的三个分测验的一致性较高，测试信度很好。但"分析"和"评论"两个分测验间相关达到了0.80，已接近高相关，说明这两个分测验的试题间可能存在一定的互相替代性，未来可以考虑在不过多影响测试信度的情况下，减少这两个分测验的试题，以使测试更加简洁、高效。

表3-2 分测验间的相关性

分测验	理解	分析	评论
理解	1	0.70**	0.68**
分析	0.70**	1	0.80**
评论	0.68**	0.80**	1

注：** 表示在0.01水平上显著。

三、效度

作为评价测试质量的一个重要指标，效度指的是对测试得分解释的适当性或准确性，因此效度的验证过程就是收集证据检验测试有效性的过程。效度证据有很多种，本研究将从结构效度和结果效度两个方面验证CCHA的效度。

1. 结构效度

测试的结构效度考察的是测试结构的合理性。按照测试蓝图，CCHA的全卷考点共划分为五个部分。本研究采用验证性因素分析法对CCHA的结构设计进行验证。数据分析由Mplus软件完成，具体采用的估计方法为WLSMV方法，计算结果见表3-3。

表3-3 测试结构的验证性因素分析

样本量	χ^2	df	CFI	TLI	RMSEA
4550	2206.41	730	0.99	0.99	0.02

在验证性因素分析中，CFI、TLI、RMSEA 是检验模型是否拟合的几个主要指标，CFI ≥ 0.95、TLI ≥ 0.95、RMSEA ≤ 0.06 说明模型拟合较好。在本研究中，CFI=0.99、TLI=0.99、RMSEA=0.02，几个指标均达到上述水平。另外，在验证性因素分析中，当试题载荷量 ≥ 0.4 时，说明试题结构位置合理，如果没有达到这一数值，则需要慎重考虑这道题在测试中的结构位置。CCHA 共 40 题，其中有 39 题试题载荷量 ≥ 0.40，仅有 1 题 ＜ 0.40，经专家讨论，此题结构位置无误。综上，验证性因素分析证明，CCHA 五维结构成立，结构效度良好。

2. 结果效度

测试的结果效度考察的是测试结果的有效性。由于测试最基本的功能是评价考生的高阶思维能力，对不同能力水平的考生加以区分，因此测试对考生的区分能力是结果效度的重要指标。在本研究中，我们重点分析了 CCHA 对我国不同类型高校学生以及不同年级学生的区分能力。

本研究在研究型大学 A 和地方本科大学 B 进行了大规模实测。两校的样本中均包含一年级学生样本，且数量相近，因此，为分析 CCHA 对不同类型高校考生的区分能力，我们采用两校的一年级样本进行对比分析。研究型大学 A 学生测试平均分为 85.46 分，地方本科大学 B 学生测试平均分为 59.96 分，A 大学学生的平均分明显高于 B 大学。在三个分测验上，A 大学和 B 大学的学生成绩差距也十分明显，A 大学学生成绩均高于 B 大学，见表 3-4。通过 t 检验及效应大小检验发现，无论是整卷还是分测验，A 大学学生得分与 B 大学学生得分差异均显著（P ＜ 0.01），效应值（Effect Size）均超过 1，已经属于较大差异，见表 3-5。高阶思维能力是学生学习能力的集中表现，因此不同类型高校学生的高阶思维能力应存在一定的差别，研究结果符合预期，CCHA 对不同类型高校的学生区分能力很好。

表 3-4　不同类型高校学生得分差异对比

院校	样本量	理解	分析	评论	总分
研究型大学 A	1514	25.88	25.78	25.76	85.46
地方本科大学 B	1653	17.68	16.60	16.37	59.96

表 3-5　不同类型高校学生得分差异检验

分测验	F	显著性	效应值
理解	151.46	0.00	1.46
分析	104.99	0.00	1.67
评论	85.84	0.00	1.65
总分	235.28	0.00	1.75

另一方面，由于大学生高阶思维能力将随着年级的增长而增强，因此 CCHA 将不同年级学生的表现差异作为另一项考查测试区分能力的指标。地方本科大学 B 共有 3 个年级的学生参加了 CCHA 的测试，为控制学校类型的影响，我们在这部分的研究中只采用 B 大学的样本进行分析。数据显示，B 大学三个年级学生在 CCHA 的三个分测验和总分中表现较为一致，均为一年级学生成绩最低，其次为二年级学生，三年级学生成绩最高，见表 3-6。方差检验表明，在"分析""评论"两个分测验和测验总分上，三个年级学生成绩的差异显著（$P < 0.05$），在"理解"分测验上，三个年级学生成绩差异不显著，见表 3-7。"理解"分测验的题目数较少，这可能是学生成绩差异不显著的原因。因此，总体来看，CCHA 对不同年级学生的区分能力较好。

表 3-6　不同类型高校学生得分差异对比

年级	样本量	理解	分析	评论	总分
1	1653	17.68	16.6	16.37	59.96

续表

年级	样本量	理解	分析	评论	总分
2	633	17.98	16.79	16.62	60.61
3	714	18.05	16.98	16.93	61.36

表 3-7　不同年级学生得分差异的方差分析

		平方和	自由度	均方	F	显著性
理解	组间	10.46	2	5.23	2.12	0.12
	组内	7384.82	2997	2.46		
	总计	7395.28	2999			
分析	组间	30.82	2	15.41	3.08	0.05
	组内	14982.81	2997	5.00		
	总计	15013.62	2999			
评论	组间	58.17	2	29.09	5.73	0.00
	组内	15204.15	2997	5.07		
	总计	15262.33	2999			
总分	组间	449.39	2	224.69	6.75	0.00
	组内	99749.17	2997	33.28		
	总计	100198.56	2999			

第二节　试题质量验证

目前测试题目的质量分析多基于经典测验理论（Classical Test Theory，简称 CTT），主要的评估指标为题目难度、区分度等，本研究也采用这两个指标评估 CCHA 的题目质量。CTT 中的难度通常指通过率即答对试题人数占测试总人数的百分比，一般认为，试题通过率为 [0.10, 0.30) 偏难、[0.30, 0.70) 适中、[0.70, 0.90) 偏易。CCHA 测试题目的平均难度为 0.48，40 题中 39 题的难度处于 0.30～0.60 之间，均为中等难度试题，仅有 1 题偏难。鉴别指数是 CTT 中常用的区分度指标，它指的是测试高分组被试与低分组被试在题目上的通过率之差，一般认为，试题鉴别指数 (0, 0.20) 区分度差、[0.20, 0.30) 区分度尚可、[0.30, 0.40) 区分度较好、[0.40, +∞) 区分度很好。CCHA 试题平均区分度为 0.48，所有试题的鉴别指数均等于或高于 0.20，73% 的题目区分度达到了很好的水平，这说明这项测试试题的区分度良好，见图 3-1。

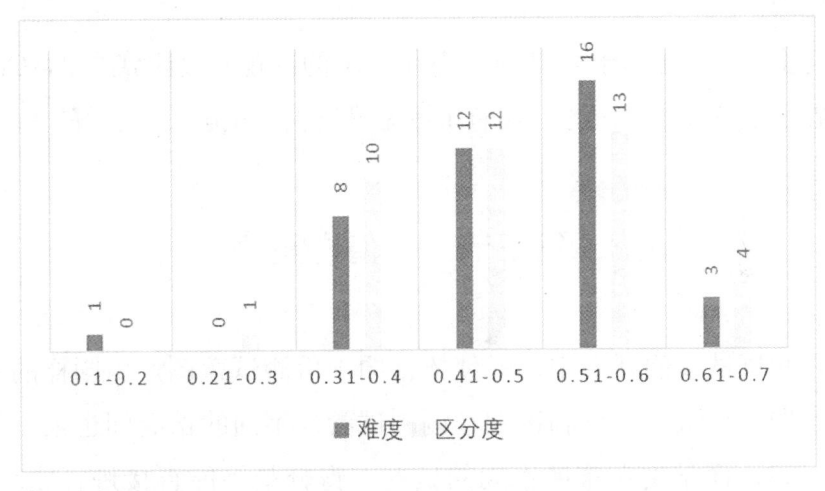

图 3-1　CCHA 试题的 CTT 难度和区分度

　　CTT 是分析试题质量最为基础的方法，它更关注测试的整体表现，因此它对样本的依赖性很强。项目反应理论（iten response theory，简称 IRT）作为新一代的教育测量理论，其主要内容是揭示被试在试题上的表现与其潜在特质的关系，因此 IRT 更关注测试中的每道试题，在试题质量分析中具有样本独立性的优势。为了更准确地分析试题质量，本研究也将采用 IRT 对试题质量进行分析。IRT 对试题参数的估计通过模型拟合来完成，采用最多的模型是三参数模型，该模型涉及三个项目特征——难度、区分度、猜测度。本研究用 IRT 三参数模型对 CCHA 的试题质量进行了分析，数据显示，CCHA 中 40 道测试题的 IRT 题目参数范围为：难度（0.16~2.35）、区分度（0.76~3.58）、猜测度（0~0.32）。对于 IRT 试题参数的可接受标准，学界并没有形成共识。一些学者提出，实践中可参考的标准如下：难度,(-3, -2] 过易、(-2, -1] 易、(1, 1] 适中、(1, 2] 较难、(2, +∞) 过难；区分度，0 无区分度、(0, -0.35) 较低、[0.35, 0.65] 低、[0.65, 1.35) 中等、[1.35, 1.70) 较高、[1.70, +∞) 高；猜测度大于 0（Bichi & Talib, 2018）。按照上述的标准，在 CCHA 测试题目中，16 题难度适中，23 题较难，1 题过难；12 题区分度中等，8 题区分度较高，20 题区分度高；40 题的猜测度均在合理范围内。

综上，无论是基于 CTT 还是基于 IRT 的试题参数计算结果，CCHA 的试题质量各项参数理想，仅有 1 题难度过高，试题质量良好。

第三节　等值方案

在测试试卷的开发中，即使依据同一份测试蓝图，由同样的命题员、审题员、组卷员命制试题和编制试卷，不同的试卷间也很难做到难度一致，而学生在难度不同的试卷上得分是不能直接进行比较的。为了使同一测试不同试卷间成绩可比，测验等值技术应运而生。测试等值指的是将一个测验不同版本试卷的分数统一在一个量表上的过程（漆书青等，2002）。等值是一项测试保持稳定、公平的重要手段，同时等值也进一步扩大了测试的应用范围，使得不同被试在不同空间、不同时间使用不同版本的试卷，可以得到具有一致性意义、可以比较的分数。等值后的试卷可以支持学生成绩在不同院校、不同专业间的横向对比，也可以支持学生个体成绩在前测、后测、增值等方面的纵向对比，还可以规避不同时间、多场测试所带来的泄题风险。CCHA

制定了系统的等值方案,以下以Ⅰ卷和Ⅱ卷为例,分析CCHA的等值方案及其方法。

一、等值方案

CCHA是一项低利害测试,测试成绩对考生的学业成绩没有直接影响,被试测试动机较弱,测试的泄题风险很小,因此CCHA采用非等组共同题设计(Nonequivalent Groups with Anchor Test,简称NEAT)进行试卷间的等值。在这个设计中,来自不同总体的两组考生各自参加两份不同试卷的测试,两份不同的试卷具有相同的结构、相近的内容,通过一些能够代表试卷特点的共同题(也称为"锚题")完成连接,见图3-2。NEAT是目前最常用的等值设计方案,该方案不假设两组考生来自相同的总体,不假设两组考生具有相同的能力水平,适用范围更广,灵活性更强(Lu & Guo, 2018)。CCHA的Ⅰ卷和Ⅱ卷中共有锚题16题,5个分测验中均有锚题分布,详细分布情况见表3-8。

在具体的操作上,虽然NEAT的等值方案不要求两卷考生来自同一总体,但是在实践中等值两卷的考生情况越接近,等值误差越低,因此本研究采用如下样本进行等值:测试Ⅰ卷的等值样本为研究性大学A某工科学院样本,样本量为310;测试Ⅱ卷的等值样本为研究性大学C某工科学院样本,样本量为269。应该说,两个样本在专业、数量上均比较接近。具体实施的等值方案为:首先,使用选中的样本对Ⅰ卷和Ⅱ卷进行等值,试用多种计算方法,得到等值结果;其次,计算不同等值结果的等值误差,选择误差最小的计算方法和等值结果;第三,将该等值结果推广至其他批次的测试。

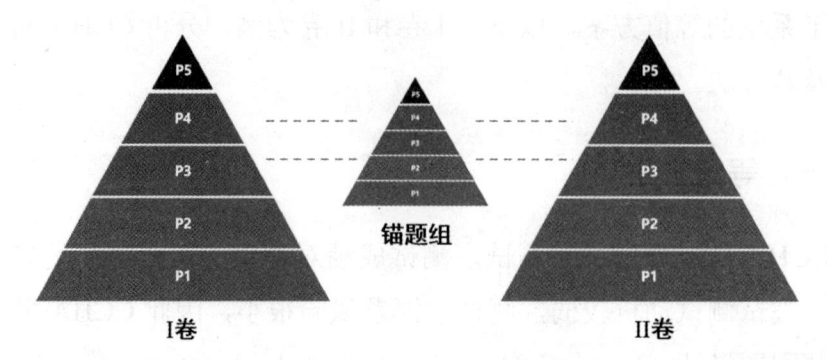

图 3-2　试卷等值示意图

表 3-8　锚题在试卷中的分布

分测验	题量
理解	4
应用	1
分析	5
评论	4
创新	2
总计	16

二、等值条件

在 NEAT 等值中,锚题是连接两套等值试卷的桥梁,因此锚题需要在统计特征上对等值试卷有足够的代表性(Kolen & Brennan, 2020)。验证锚题代表性的方法通常为计算锚题和所有试题的相关度,一般相关度达到 0.70 及以上,可以认为锚题代表性良好。本研究计算了 CCHA 的 I 卷和 II 卷全卷试题和 16 道锚题的相关度。结果表明(见表 3-9),锚题对 I 卷和 II 卷全卷及理解、分析、评论三个分测验的代表性良好,锚题对 I 卷的代表性高于 II 卷。本研究还计算了锚题在 I 卷和 II 卷及各分测验中的难度和区分度(见表 3-10),结果发现,同样的锚题在两套试卷中表现出的难度和区分度差别不大，这说明用于等值的两套试卷测试样本情况接近。综上，CCHA 中的锚题代表性良好，可以完成 I 卷和 II 卷的等值研究。

表 3-9　锚题得分与 I 卷和 II 卷及其各分测验得分的相关分析

分测验	I 卷锚总相关	II 卷锚总相关
理解	0.93**	0.86**
分析	0.96**	0.70**
评论	0.88**	0.78**
总分	0.96**	0.90**

注：** 表示在 0.01 水平上显著。

表 3-10　锚题在试卷中的难度和区分度表现

分测验	I 卷锚题难度	I 卷题区分度	II 卷锚题难度	II 卷题区分度
理解	0.64	0.43	0.72	0.37
分析	0.62	0.50	0.65	0.34
评论	0.64	0.50	0.72	0.49
总分	0.64	0.46	0.69	0.39

三、等值方法与验证

NEAT 方案下的具体等值方法有多种，为了后续将等值结果进行推广应用，本研究采用 Tucker 观察分数线性等值、Levine 观察分数线性等值、Braun-Holland 线性等值三种等值方法进行等值，然后通过比较等值误差的方法，选择等值误差最小的等值方法。表 3-13 是本研究按照上述三种方法得到的等值结果。对于等值误差的计算，本研究采用靴帮重复取样法（bootstrap method），每次均采用 100 个靴帮样本进行误差估计。从总分等值的结果来看，Braun-Holland 线性等值法的标准误为 1.34，Tucker 观察分数线性等值法的标准误为 1.02，Levine 观察分数线性等值法的标准误最小，为 0.98，因此本研究采用 Levine 观察分数线性等值的结果，见图 3-3。

表 3-11　三种等值方法的等值结果

卷别	等值方法	斜率	截距
理解	Tucker 观察分数线性等值	1.18	-0.72
理解	Levine 观察分数线性等值	1.07	-0.073
理解	Braun-Holland 线性等值	1.25	-1.16
分析	Tucker 观察分数线性等值	1.34	-4.46
分析	Levine 观察分数线性等值	1.11	-2.25
分析	Braun-Holland 线性等值	1.37	-4.63
评论	Tucker 观察分数线性等值	1.09	-1.20
评论	Levine 观察分数线性等值	0.99	-0.17
评论	Braun-Holland 线性等值	1.02	-0.68
总分	Tucker 观察分数线性等值	1.20	-5.39
总分	Levine 观察分数线性等值	1.12	-2.98
总分	Braun-Holland 线性等值	1.29	-7.87

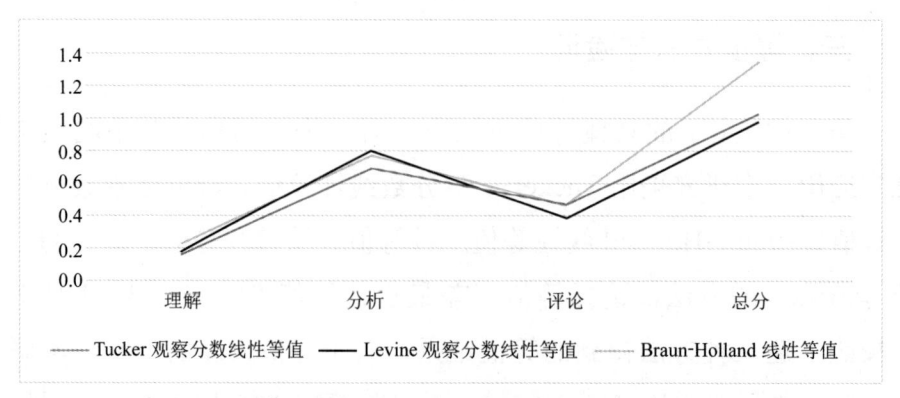

图 3-3　三种等值方法等值误差对比

第四节 增值计算

增值（Absolute Growth）指在两个或多个时间点上，学生或由学生组成的群体在学业表现上学习成就的变化。这种学业评价方式，与传统的分数、排名等评价方式相比，关注的是学生的进步，对学生的成长更有意义（王晓平等，2018）。另外，学生学业成就的增值评价也有助于评估学校的教学成效和一些教改措施的效果，因此近年来，这种评价方式日益受到学界的重视。因为测量工具和时间等的限制，目前研究者采用的增值计算方式多为间接方法，即通过当前学生的成绩推算未来学生的成绩，再用相应年级学生的实测成绩减去推算成绩的方法得到。这种方法只需一套试卷一次测量两个年级学生的成绩即可，操作简单。但是这种方法隐含了一个强假设——参加测试的两个年级学生需要具有很高的同质性，而在实践中，这个强假设很难满足，这就影响了这种增值计算方法的准确性。与这种间接方法相对，直接计算增值的方法是同一批学生两次同一测验成绩之差。这种方法需要同一批学生在一定时间内完成前测和后测，如果采用同一张试卷会带来练习效应，采用等值后的两张试卷则能很好地避免这一问题。因此中国大学生高阶思维能力测试的多个版本试卷间通过等值相连，可以支持考生成绩增值的直接计算。

本研究采用直接法对两次参加中国大学生高阶思维能力测试的研究型 A 大学 98 名考生进行了增值得分的计算。这 98 名考生第一次测试采用的是 I 卷，第二次测试采用的是 II 卷，测试的间隔为 1 年。本研究对考生的成绩进行了等值，然后计算了他们的增值得分。考生的增值平均分为 9.9 分，虽然个别考生的增值分为负分，但绝大多数考生的增值分为正，最高增值分为 14.72 分，见表 3-12。通常认为，随着学习年限的增长，学生的高阶思维能力应有不同程度的增值，考虑到考生的测试动机问题,我们认为本研究中的考生增值得分符合预期。这也在一定程度上证明了中国大学生高阶思维能力测试等值方案的合理性。

表 3-12 考生测试的增值得分计算

考生序号	第一次测试得分	第二次测试原始分	第二次测试等值分	增值分
3	85.00	79.00	79.06	-5.94
79	79.00	77.50	77.39	-1.61
60	73.00	74.50	74.04	1.04
72	88.00	88.00	89.11	1.11
23	83.50	85.00	85.76	2.26
51	86.50	91.00	92.46	5.96
12	82.00	88.00	89.11	7.11
59	71.50	80.50	80.74	9.24
……	……	……	……	……
81	80.50	91.00	92.46	11.96
97	61.00	76.00	75.72	14.72
平均值	76.72	85.77	86.62	9.90

第四章
基于 CCHA 的大学生高阶思维能力发展研究

一项成熟的测试不仅需要有高质量的测试试卷，还需要通过建立测试常模、等级标准等完成测试系统的搭建。因此本研究在完成 CCHA 开发与验证后，在全国范围内邀请了多所高等院校参加 CCHA 测试，最后我们选取了其中 10 所大学的学生数据构建了 CCHA 常模和等级标准，基于此我们还完成了大学生高阶思维能力发展研究。

第一节　测试样本

2023 年 5 至 2024 年 5 月，课题组在全国范围内的 17 所高校开展了 CCHA 的测试工作[①]。测试以免费、学生自愿参加的形式进行。CCHA 的成绩对学生的学业成绩没有任何影响，因此学生参加测试

---

① 17 所院校包括北京航空航天大学、山东大学、华南理工大学、河南大学、辽宁大学、北京语言大学、江苏理工大学、渤海大学、南阳师范学院、昆明学院、新疆财经大学、深圳职业技术大学等院校（一些参与院校希望匿名参与测试，因此此处无法呈现所有参与院校名单）。

的动机较弱。本课题组与部分院校的老师合作，通过课程宣传或者将CCHA作为教学改革的评估手段等方式推广测试，另外在部分院校为了吸引学生参加测试，课题组为学生提供了手机充值卡等小礼品。为了建立CCHA常模，课题组希望能通过分层随机抽样的方式在每所样本院校收集800条左右的学生有效答题数据，并尽量保证年级和学科的代表性。但是实施中，参与院校各个学院的配合度有限，无法实施分层随机抽样，只能通过学生自愿参与的方式来获取样本，因此样本质量并不十分理想。为了提高样本质量，课题组采用的最严格的测试数据清洗办法，删除测谎题错误，试题作答时间过短、过长，连续答案出现过多等无效测试数据。最后，课题组选取了10所院校的测试数据，作为CCHA常模构建的样本。这10所高等院校包括2所"985工程"院校（高校1-2）、3所"211工程"院校（高校3-5）、5所普通本科院校（高校6-10），样本的具体情况如下。

一、总体情况

测试样本总数为8601人，其中男生4262人，女生4339人，男生与女生人数基本平衡；一年级样本数为2228人，二年级样本数为2176人，三年级样本数为2501人，四年级样本数为1696人，三年级样本数较多，四年级样本数略少；理科样本数为1160人，工科样本数为3526人，文科样本数为3016人，其他学科样本数为899人，工科和文科样本数较多，理科和其他学科样本数较少，见表4-1。

表4-1 样本总体分布情况

性别	人数	年级	人数	学科	人数
男	4262	一	2228	理科	1160
女	4339	二	2176	工科	3526
总	8601	三	2501	文科	3016
		四	1696	其他	899

二、各高校样本

1. 高校 1

高校 1 样本总数为 708 人，其中男生 472 人，女生 236 人，男生人数是女生人数的 2 倍；一年级样本数为 181 人，二年级样本数为 163 人，三年级样本数为 231 人，四年级样本数为 133 人，三年级样本数较多，四年级样本数略少；理科样本数为 109 人，工科样本数为 376 人，文科样本数为 156 人，其他学科样本数为 67 人，工科样本数较多，见表 4-2。

表 4-2　高校 1 样本分布情况

性别	人数	年级	人数	学科	人数
男	472	一	181	理科	109
女	236	二	163	工科	376
总	708	三	231	文科	156
		四	133	其他	67

2. 高校 2

高校 2 样本总数为 739 人，其中男生 398 人，女生 341 人，男生与女生人数基本平衡；一年级样本数为 149 人，二年级样本数为 217 人，三年级样本数为 170 人，四年级样本数为 203 人，二年级样本数较多，一年级样本数略少；理科样本数为 136 人，工科样本数为 452 人，文科样本数为 76 人，其他学科样本数为 75 人，工科样本数较多，见表 4-3。

表 4-3　高校 2 样本分布情况

性别	人数	年级	人数	学科	人数
男	398	一	149	理科	136
女	341	二	217	工科	452
总	739	三	170	文科	76
		四	203	其他	75

3. 高校 3

高校 3 样本总数为 1270 人，其中男生 525 人，女生 745 人，女生比男生多 220 人；一年级样本数为 313 人，二年级样本数为 228 人，三年级样本数为 498 人，四年级样本数为 231 人，三年级样本数较多，二年级样本数略少；理科样本数为 125 人，工科样本数为 606 人，文科样本数为 480 人，其他学科样本数为 59 人，工科和文科样本数较多，见表 4-4。

表 4-4 高校 3 样本分布情况

性别	人数	年级	人数	学科	人数
男	525	一	313	理科	125
女	745	二	228	工科	606
总	1270	三	498	文科	480
		四	231	其他	59

4. 高校 4

高校 4 样本总数为 881 人，其中男生 702 人，女生 179 人，男生人数大约为女生人数的 4 倍；一年级样本数为 233 人，二年级样本数为 184 人，三年级样本数为 263 人，四年级样本数为 201 人，三年级样本数较多，二年级样本数略少；理科样本数为 256 人，工科样本数为 403 人，文科样本数为 105 人，其他学科样本数为 117 人，工科和理科样本数较多，见表 4-5。

表 4-5 高校 4 样本分布情况

性别	人数	年级	人数	学科	人数
男	702	一	233	理科	256
女	179	二	184	工科	403
总	881	三	263	文科	105
		四	201	其他	117

5. 高校5

高校5样本总数为966人,其中男生362人,女生604人,女生比男生多242人;一年级样本数为285人,二年级样本数为263人,三年级样本数为258人,四年级样本数为160人,一年级样本数较多,四年级样本数略少;理科样本数为129人,工科样本数为513人,文科样本数为265人,其他学科样本数为59人,工科和文科样本较多,见表4-6。

表4-6 高校5样本分布情况

性别	人数	年级	人数	学科	人数
男	362	一	285	理科	129
女	604	二	263	工科	513
总	966	三	258	文科	265
		四	160	其他	59

6. 高校6

高校6样本总数为719人,其中男生505人,女生214人,男生比女生多291人;一年级样本数为208人,二年级样本数为161人,三年级样本数为209人,四年级样本数为141人,三年级样本数较多,四年级样本数略少;理科样本数为134人,工科样本数为452人,文科样本数为133人,其他学科样本数为0人,工科样本数较多,见表4-7。

表4-7 高校6样本分布情况

性别	人数	年级	人数	学科	人数
男	505	一	208	理科	134
女	214	二	161	工科	452
总	719	三	209	文科	133
		四	141	其他	0

7. 高校 7

高校 7 样本总数为 810 人，其中男生 430 人，女生 380 人，男生比女生多 50 人；一年级样本数为 227 人，二年级样本数为 238 人，三年级样本数为 215 人，四年级样本数为 130 人，二年级样本数较多，四年级样本数略少；理科样本数为 47 人，工科样本数为 556 人，文科样本数为 131 人，其他学科样本数为 76 人，工科样本数较多，见表 4-8。

表 4-8 高校 7 样本分布情况

性别	人数	年级	人数	学科	人数
男	430	一	227	理科	47
女	380	二	238	工科	556
总	810	三	215	文科	131
		四	130	其他	76

8. 高校 8

高校 8 样本总数为 703 人，其中男生 273 人，女生 430 人，女生比男生多 157 人；一年级样本数为 206 人，二年级样本数为 226 人，三年级样本数为 141 人，四年级样本数为 130 人，二年级样本数较多，三年级样本数略少；理科样本数为 80 人，工科样本数为 73 人，文科样本数为 507 人，其他学科样本数为 43 人，文科样本数较多，见表 4-9。

表 4-9 高校 8 样本分布情况

性别	人数	年级	人数	学科	人数
男	273	一	206	理科	80
女	430	二	226	工科	73
总	703	三	141	文科	507
		四	130	其他	43

9. 高校 9

高校 9 样本总数为 830 人,其中男生 319 人,女生 511 人,女生比男生多 192 人;一年级样本数为 254 人,二年级样本数为 287 人,三年级样本数为 185 人,四年级样本数为 104 人,二年级样本数较多,四年级样本数略少;理科样本数为 118 人,工科样本数为 44 人,文科样本数为 526 人,其他学科样本数为 142 人,文科样本数较多,见表 4-10。

表 4-10 高校 9 样本分布情况

性别	人数	年级	人数	学科	人数
男	319	一	254	理科	118
女	511	二	287	工科	44
总	830	三	185	文科	526
		四	104	其他	142

10. 高校 10

高校 10 样本总数为 975 人,其中男生 276 人,女生 699 人,女生比男生多 423 人;一年级样本数为 172 人,二年级样本数为 209 人,三年级样本数为 331 人,四年级样本数为 263 人,三年级样本数较多,一年级样本数略少;理科样本数为 26 人,工科样本数为 51 人,文科样本数为 637 人,其他学科样本数为 261 人,文科样本数较多,见表 4-11。

表 4-11 高校 10 样本分布情况

性别	人数	年级	人数	学科	人数
男	276	一	172	理科	26
女	699	二	209	工科	51
总	975	三	331	文科	637
		四	263	其他	261

三、各高校样本得分情况

1. 高校 1

高校 1 样本 CCHA 总分平均分为 83.00 分,男生总分平均分为 82.95 分,女生总分平均分为 83.10 分。一年级考生总分平均分为 82.46 分,二年级考生总分平均分为 82.56 分,三年级考生总分平均分为 83.14 分,四年级考生总分平均分为 84.01 分,四年级考生成绩最高。理科考生总分平均分为 83.51 分,工科考生总分平均分为 83.06 分,文科考生总分平均分为 83.16 分,其他学科考生总分平均分为 81.46 分,理科考生成绩最高,见表 4-12。

表 4-12　高校 1 样本分布情况

性别	分数	年级	分数	学科	分数
男	82.95	一	82.46	理科	83.51
女	83.10	二	82.56	工科	83.06
总	83.00	三	83.14	文科	83.16
		四	84.01	其他	81.46

2. 高校 2

高校 2 样本 CCHA 总分平均分为 79.33 分,男生总分平均分为 78.96 分,女生总分平均分为 79.76 分。一年级考生总分平均分为 78.13 分,二年级考生总分平均分为 79.14 分,三年级考生总分平均分为 79.24 分,四年级考生总分平均分为 80.50 分,四年级考生成绩最高。理科考生总分平均分为 80.25 分,工科考生总分平均分为 79.54 分,文科考生总分平均分为 78.95 分,其他学科考生总分平均分为 76.78 分,理科考生成绩最高,见表 4-13。

表 4-13　高校 2 样本分布情况

性别	分数	年级	分数	学科	分数
男	78.96	一	78.13	理科	80.25
女	79.76	二	79.14	工科	79.54
总	79.33	三	79.24	文科	78.95
		四	80.50	其他	76.78

3. 高校 3

高校 3 样本 CCHA 总分平均分为 74.95 分，男生总分平均分为 75.22 分，女生总分平均分为 74.76 分。一年级考生总分平均分为 73.55 分，二年级考生总分平均分为 74.28 分，三年级考生总分平均分为 75.58 分，四年级考生总分平均分为 76.14 分，四年级考生成绩最高。理科考生总分平均分为 76.63 分，工科考生总分平均分为 75.37 分，文科考生总分平均分为 73.92 分，其他学科考生总分平均分为 75.35 分，理科考生成绩最高，见表 4-14。

表 4-14　高校 3 样本分布情况

性别	分数	年级	分数	学科	分数
男	75.22	一	73.55	理科	76.63
女	74.76	二	74.28	工科	75.37
总	74.95	三	75.58	文科	73.92
		四	76.14	其他	75.35

4. 高校 4

高校 4 样本 CCHA 总分平均分为 76.83 分，男生总分平均分为 76.72 分，女生总分平均分为 77.24 分。一年级考生总分平均分为 76.01 分，二年级考生总分平均分为 76.79 分，三年级考生总分平均分为 77.22 分，四年级考生总分平均分为 77.29 分，四年级考生成绩最高。

理科考生总分平均分为 77.98 分，工科考生总分平均分为 77.09 分，文科考生总分平均分为 75.52 分，其他学科考生总分平均分为 74.57 分，理科考生成绩最高，见表 4-15。

表 4-15　高校 4 样本分布情况

性别	分数	年级	分数	学科	分数
男	76.72	一	76.01	理科	77.98
女	77.24	二	76.79	工科	77.09
总	76.83	三	77.22	文科	75.52
		四	77.29	其他	74.57

5. 高校 5

高校 5 样本 CCHA 总分平均分为 74.56 分，男生总分平均分为 75.06 分，女生总分平均分为 74.25 分。一年级考生总分平均分为 73.91 分，二年级考生总分平均分为 74.34 分，三年级考生总分平均分为 74.50 分，四年级考生总分平均分为 76.18 分，四年级考生成绩最高。理科考生总分平均分为 74.05 分，工科考生总分平均分为 74.39 分，文科考生总分平均分为 75.37 分，其他学科考生总分平均分为 73.45 分，文科考生成绩最高，见表 4-16。

表 4-16　高校 5 样本分布情况

性别	分数	年级	分数	学科	分数
男	75.06	一	73.91	理科	74.05
女	74.25	二	74.34	工科	74.39
总	74.56	三	74.50	文科	75.37
		四	76.18	其他	73.45

6. 高校 6

高校 6 样本 CCHA 总分平均分为 71.71 分，男生总分平均分为 71.76 分，女生总分平均分为 71.60 分。一年级考生总分平均分为 70.76 分，二年级考生总分平均分为 71.83 分，三年级考生总分平均分为 71.88 分，四年级考生总分平均分为 72.73 分，四年级考生成绩最高。理科考生总分平均分为 72.27 分，工科考生总分平均分为 71.61 分，文科考生总分平均分为 71.49 分，没有其他学科考生，理科考生成绩最高，见表 4-17。

表 4-17 高校 6 样本分布情况

性别	分数	年级	分数	学科	分数
男	71.76	一	70.76	理科	72.27
女	71.60	二	71.83	工科	71.61
总	71.71	三	71.88	文科	71.49
		四	72.73	其他	——

7. 高校 7

高校 7 样本 CCHA 总分平均分为 72.52 分，男生总分平均分为 72.87 分，女生总分平均分为 72.13 分。一年级考生总分平均分为 71.96 分，二年级考生总分平均分为 72.17 分，三年级考生总分平均分为 73.58 分，四年级考生总分平均分为 72.40 分，三年级考生成绩最高。理科考生总分平均分为 77.73 分，工科考生总分平均分为 72.40 分，文科考生总分平均分为 71.65 分，其他学科考生总分平均分为 71.68 分，理科考生成绩最高，见表 4-18。

表 4-18　高校 7 样本分布情况

性别	分数	年级	分数	学科	分数
男	72.87	一	71.96	理科	77.73
女	72.13	二	72.17	工科	72.40
总	72.52	三	73.58	文科	71.65
		四	72.40	其他	71.68

8. 高校 8

高校 8 样本 CCHA 总分平均分为 70.80 分，男生总分平均分为 71.22 分，女生总分平均分为 70.53 分。一年级考生总分平均分为 69.63 分，二年级考生总分平均分为 70.66 分，三年级考生总分平均分为 71.58 分，四年级考生总分平均分为 72.04 分，四年级考生成绩最高。理科考生总分平均分为 70.93 分，工科考生总分平均分为 71.30 分，文科考生总分平均分为 70.96 分，其他学科考生总分平均分为 67.73 分，文科考生成绩最高，见表 4-19。

表 4-19　高校 8 样本分布情况

性别	分数	年级	分数	学科	分数
男	71.22	一	69.63	理科	70.93
女	70.53	二	70.66	工科	71.30
总	70.80	三	71.58	文科	70.96
		四	72.04	其他	67.73

9. 高校 9

高校 9 样本 CCHA 总分平均分为 68.02 分，男生总分平均分为 68.64 分，女生总分平均分为 67.63 分。一年级考生总分平均分为 68.14 分，二年级考生总分平均分为 67.44 分，三年级考生总分平均分为 68.45 分，四年级考生总分平均分为 68.57 分，四年级考生成绩最高。

理科考生总分平均分为 69.14 分，工科考生总分平均分为 70.57 分，文科考生总分平均分为 67.62 分，其他学科考生总分平均分为 67.77 分，工科考生成绩最高，见表 4-20。

表 4-20　高校 9 样本分布情况

性别	分数	年级	分数	学科	分数
男	68.64	一	68.14	理科	69.14
女	67.63	二	67.44	工科	70.57
总	68.02	三	68.45	文科	67.62
		四	68.57	其他	67.77

10. 高校 10

高校 10 样本 CCHA 总分平均分为 61.16 分，男生总分平均分为 63.21 分，女生总分平均分为 60.34 分。一年级考生总分平均分为 58.58 分，二年级考生总分平均分为 60.50 分，三年级考生总分平均分为 61.14 分，四年级考生总分平均分为 63.39 分，四年级考生成绩最高。理科考生总分平均分为 61.50 分，工科考生总分平均分为 61.74 分，文科考生总分平均分为 62.74 分，其他学科考生总分平均分为 57.13 分，文科考生成绩最高，见表 4-21。

表 4-21　高校 10 样本分布情况

性别	分数	年级	分数	学科	分数
男	63.21	一	58.58	理科	61.50
女	60.34	二	60.50	工科	61.74
总	61.16	三	61.14	文科	62.74
		四	63.39	其他	57.13

第二节 CCHA 常模和等级标准

测试常模指一定人群在测试所测特性上的普遍水平或水平分布状况。常模反映了总体的水平，它更重要的作用是提供了比较的标准量数。学生成绩通过与常模进行比较，可以了解其在相应人群中的位置，有些时候这比学生测试的分数更有意义。另外，常模为测试的一致性提供了保障。在不同时间、不同地点进行的测试，通过与常模比对，就可以得到具有一致性和可比性的成绩。因此对一项完备的测试来说，常模非常重要。本节，我们将介绍 CCHA 的常模。

建立测试常模的关键是抽样，保证样本的代表性至关重要。因此在建立本研究参与院校的选取上，课题组尽量考虑层次、类型、地域等因素，最后选取 2 所"985 工程"院校、3 所"211 工程"院校、5 所普通本科院校的测试数据建立常模。这 10 所院校包括东部地区院校 5 所、中部地区院校 2 所、西部地区院校 3 所；对以工科为主的理工类院校、以文科为主的师范类院校、财经类院校以及综合性大学均有涉及。但如前所述，CCHA 是一项低利害测试，考生测试动机较弱，参与院校的配合度有限，因此无法采用分层随机抽样的方式获取样本，会在一定程度上影响样本的代表性。经过严格的数据清洗，从目前获得的样本数据来看，样本在性别、学科、年级上的分布相对平衡、合理，可以完成有效的常模建设。

一、CCHA 常模

1. 总分常模

本研究采用百分等级报告 CCHA 的总分常模。CCHA 的三个测验题目数量较少，测试成绩精度有限，不适合进行较细的百分等级划分，因此此处只报告 CCHA 的总分常模，详见表 4-22。

表 4-22 CCHA 总分常模

百分位数	CCHA 总分
10	56.25
20	63.25
30	66.75
40	70.25
50	73.75
60	77.25
70	80.75
80	84.25
90	87.75
100	100.00

2. 分院校类型常模

不同类型院校常模包括3类院校，"985工程"院校、"211工程"院校、普通本科院校。3类院校的 CCHA 总分和各分测验常模如下。

表 4-23 CCHA 院校常模

	样本数	理解分测验	分析分测验	评价分测验	总分
"985 工程"院校常模	1447	26.88	24.48	24.04	81.13
"211 工程"院校常模	3117	25.57	22.80	22.18	75.36
普通本科院校常模	4037	23.78	20.69	20.14	68.41

3. 学科常模

因为样本数量有限，本研究按学科大类报告学科常模。本研究中学科大类包括理科、工科、文科和其他学科 4 个大类，见表 4-24。

表 4-24　CCHA 学科常模

	样本数	理解分测验	分析分测验	评价分测验	总分
理科学生常模	1160	25.68	22.96	22.39	75.76
工科学生常模	3526	25.58	22.84	22.08	75.49
文科学生常模	3016	24.35	21.30	20.89	70.55
其他学科学生常模	899	23.57	20.69	20.50	68.54

4. 年级常模

CCHA 各年级常模如下：

表 4-25　CCHA 年级常模

	样本数	理解分测验	分析分测验	评价分测验	总分
一年级学生常模	2228	24.86	21.83	21.40	72.33
二年级学生常模	2176	24.78	21.92	21.46	72.59
三年级学生常模	2501	24.98	22.22	21.61	73.44
四年级学生常模	1696	25.25	22.47	21.72	74.09

二、CCHA 等级标准

测试等级通常是指根据测验成绩或表现对考生进行的不同层级的划分。这种划分旨在将考生的能力量化、分类，以便更准确地描述他们的实际水平。常模的一项重要作用是对学生的能力进行等级划分，进而制定测试的等级标准。本研究根据测试 CCHA 常模制定了 CCHA 等级标准。具体采用测试等值标准制定常用的等比例间隔法，即根据考生总体的百分等级，将 CCHA 得分划分为优秀、良好、中等、较差 4 个等级，进而根据测试蓝图描述各等级考生高阶思维能力表现，见表 4-26、表 4-27。

表 4-26 CCHA 等级标准

等级	理解 分测验	分析 分测验	评价 分测验	总分
优秀	28～30	25～30	25～30	82～100
良好	25～27	22～24	22～24	73～81
中等	22～24	19～21	19～21	64～72
较差	0～21	0～18	0～18	0～63

表 4-27 CCHA 等级描述

等级	能力描述
优秀	考生高阶思维能力优秀，能够完成以下绝大多数任务，任务完成度很高：判断例证与论题间的一致性；根据所给信息通过内推或外推得出合理的结论；将给出的概念、理论、程序等应用于不熟悉的给定情境中；识别论题和论证的意图；识别论证链条；识别作者的假设、视角；识别材料作者未言明的意图、结论、影响；识别逻辑缺陷；检查信息、证据等的代表性；评估论证对论题的支撑程度；考虑相反的论点和进一步的研究
良好	考生高阶思维能力良好，能够较好地完成以下大部分任务，任务完成度较高：判断例证与论题间的一致性；根据所给信息通过内推或外推得出合理的结论；将给出的概念、理论、程序等应用于不熟悉的给定情境中；识别论题和论证的意图；识别论证链条；识别作者的假设、视角；识别材料作者未言明的意图、结论、影响；识别逻辑缺陷；检查信息、证据等的代表性；评估论证对论题的支撑程度；考虑相反的论点和进一步的研究

续表

等级	能力描述
中等	考生高阶思维能力中等，能够完成以下部分任务，任务完成度一般：判断例证与论题间的一致性；根据所给信息通过内推或外推得出合理的结论；将给出的概念、理论、程序等应用于不熟悉的给定情境中；识别论题和论证的意图；识别论证链条；识别作者的假设、视角；识别材料作者未言明的意图、结论、影响；识别逻辑缺陷；检查信息、证据等的代表性；评估论证对论题的支撑程度；考虑相反的论点和进一步的研究
较差	考生高阶思维能力较差，能够完成以下小部分任务，任务完成度不高：判断例证与论题间的一致性；根据所给信息通过内推或外推得出合理的结论；将给出的概念、理论、程序等应用于不熟悉的给定情境中；识别论题和论证的意图；识别论证链条；识别作者的假设、视角；识别材料作者未言明的意图、结论、影响；识别逻辑缺陷；检查信息、证据等的代表性；评估论证对论题的支撑程度；考虑相反的论点和进一步的研究

第三节 中国大学生高阶思维能力发展状况

一、总体情况

从10所样本高校考生的得分情况来看，我国大学生的高阶思维能力总体发展情况良好，8601考生的CCHA的总分平均分为73.07，已经达到良好等级。考生的理解分测验平均分为24.95；分析分测验平均分为22.09；评价分测验平均分为21.54，考生在CCHA三个分测验上的成绩均基本达到良好等级。考生在理解分测验上得分最高，评价分测验上得分最低，符合测试各分测验难度的预设，见表4-28。

表 4-28 样本总体得分情况

	院校数	样本数	理解分测验	分析分测验	评价分测验	总分
样本总体	10	8601	24.95	22.09	21.54	73.07

二、不同类型院校表现

1. 各类型院校样本得分情况

按院校类型，我们将 10 所高校样本划分为 3 类，分别为"985 工程"院校、"211 工程"院校和普通本科高等院校。"985 工程"院校考生、"211 工程"院校考生 CCHA 的平均分分别为 81.13、75.36，等级均为良好。"985 工程"院校考生的理解分测验平均分为 26.88，分析分测验平均分为 24.48，评价分测验平均分为 24.04，考生在 CCHA 三个分测验上的成绩均达到良好等级。"211 工程"院校考生的理解分测验平均分为 25.57，分析分测验平均分为 22.80，评价分测验平均分为 22.18，考生在 CCHA 三个分测验上的成绩均达到良好等级。普通本科高等院校考生 CCHA 的平均分为 68.41，等级为中等。其理解分测验平均分为 23.78，分析分测验平均分为 20.69，评价分测验平均分为 20.14，考生在 CCHA 三个分测验上的成绩均为中等，见表 4-29。

表 4-29 各类型高校样本得分情况

	院校数	样本数	理解分测验	分析分测验	评价分测验	总分
"985 工程"院校	2	1447	26.88	24.48	24.04	81.13
"211 工程"院校	3	3117	25.57	22.80	22.18	75.36
普通本科高等院校	5	4037	23.78	20.69	20.14	68.41

2. 各类型院校样本得分对比

对比 3 个类型院校考生的 CCHA 成绩，"985 工程"院校学生成绩最高，其次为"211 工程"院校学生，普通本科院校学生得分最低。方差分析显示，3 个类型院校样本在 CCHA 总分以及理解、分析、评价三个分测验上的得分差异均显著（p < 0.01）。在 3 个分测验中，3 个类型院校考生评价分测验得分差异最大，理解分测验得分差异最小，见表 4-30。

表 4-30　各类型院校样本得分方差分析

		平方和	自由度	均方	F	显著性	平方和
理解	组间		2	6035.622	357.64	<0.001	12071.25
	组内		8598	16.876			145102.2
	总计		8600				157173.4
分析	组间		2	8838.563	575.954	<0.001	17677.13
	组内		8598	15.346			131944.5
	总计		8600				149621.6
评价	组间		2	9144.273	695.43	<0.001	18288.55
	组内		8598	13.149			113056
	总计		8600				131344.5
总分	组间		2	98999.24	882.888	<0.001	197998.5
	组内		8598	112.131	112.131		964103.4
	总计		8600				1162102

二、各学科大类样本表现

1. 各学科大类样本得分情况

按学科大类，我们将考生样本分为理科、工科、文科和其他学科。理科、工科考生 CCHA 的平均分分别为 75.76、75.49，等级均为良好。理科考生理解分测验平均分为 25.68，分析分测验平均分为 22.96，评价分测验平均分为 22.39，考生在 CCHA 三个分测验上的成绩均达到良好等级。工科考生理解分测验平均分为 25.58，分析分测验平均分为 22.84，评价分测验平均分为 22.08，考生在 CCHA 三个分测验上的成绩均达到良好等级。文科和其他学科考生 CCHA 的平均分分别为 70.55、68.54，等级均为中等。文科考生理解分测验平均分为 24.35，分析分测验平均分为 21.30，评价分测验平均分为 20.89，考生在 CCHA 三个分测验上的成绩均为中等。其他学科考生理解分测验平均分为 23.57，分析分测验平均分为 20.69，评价分测验平均分为 20.50，考生在 CCHA 三个分测验上的成绩均达为中等，见表 4-31。

表 4-31 各学科大类样本得分情况

	样本数	理解分测验	分析分测验	评价分测验	总分
理科	1160	25.68	22.96	22.39	75.76
工科	3526	25.58	22.84	22.08	75.49
文科	3016	24.35	21.30	20.89	70.55
其他	899	23.57	20.69	20.50	68.54

2. 各学科大类样本得分对比

对比各学科大类考生的 CCHA 成绩，理科学生成绩最高，其次为工科学生和文科学生，其他学科学生得分最低。方差分析显示，4 个学科大类样本在 CCHA 总分以及理解、分析、评价三个分测验上的得分差异均显著（p<0.01）。在 3 个分测验上，4 个学科大类考生分析分测验得分差异最大，理解分测验得分差异最小，见表 4-32。

表 4-32　各学科大类样本得分方差分析

		平方和	自由度	均方	F	显著性	平方和
理解	组间		3	1613.785	91.075	<0.001	4841.354
	组内		8597	17.719			152332.1
	总计		8600				157173.4
分析	组间		3	2172.629	130.521	<0.001	6517.888
	组内		8597	16.646			143103.7
	总计		8600				149621.6
评价	组间		3	1374.557	92.886	<0.001	4123.672
	组内		8597	14.798			127220.8
	总计		8600				131344.5
总分	组间		3	22225.75	174.43	<0.001	66677.23
	组内		8597	127.419			1095425
	总计		8600				1162102

三、各年级样本表现

1. 各年级样本得分情况

一年级考生 CCHA 的平均分为 72.33，等级为中等。其在理解分测验平均分为 24.86，分析分测验平均分为 21.83，评价分测验平均分为 21.40，考生在 CCHA 理解和分析分测验上的成绩基本达到良好等级，在评价分测验上的成绩为中等。二、三、四年级考生 CCHA 的平均分分别为 72.59、73.44 和 74.09，等级均为良好。二年级理解分测验平均分为 24.78，分析分测验平均分为 21.92，评价分测验平均分为 21.46，考生在 CCHA 理解和分析分测验上的成绩均达到良好等级，在评价分测验上为中等。三年级理解分测验平均分为 24.98，分析分测验平均分为 22.22，评价分测验平均分为 21.61，考生在 CCHA 三个分测验上的成绩均达到良好等级。四年级理解分测验平均分为 25.25，分析分测验平均分为 22.47，评价分测验平均分为 21.72，考生在 CCHA 三个分测验上的成绩均达到良好等级，见表 4-33。

表 4-33 各年级样本得分情况

	样本数	理解分测验	分析分测验	评价分测验	总分
一年级	2228	24.86	21.83	21.40	72.33
二年级	2176	24.78	21.92	21.46	72.59
三年级	2501	24.98	22.22	21.61	73.44
四年级	1696	25.25	22.47	21.72	74.09

2. 各年级样本得分对比

对比各年级考生的 CCHA 成绩，四年级学生成绩最高，其次为三、二年级学生，一年级学生得分最低。方差分析显示，4 个年级样本在 CCHA 总分以及各分测验上的得分差异均显著（总分、理解分测验、分析分测验 $p<0.01$，评价分测验 $p<0.05$）。在 3 个分测验中，4 个年级考生分析分测验得分差异最大，评价分测验得分差异最小，见表 4-34。

表 4-34 各年级样本得分方差分析

		平方和	自由度	均方	F	显著性	平方和
理解	组间		3	77.262	4.232	0.005	231.787
	组内		8597	18.255			156941.6
	总计		8600				157173.4

续表

		平方和	自由度	均方	F	显著性	平方和
分析	组间		3	169.824	9.791	<0.001	509.472
	组内		8597	17.345			149112.2
	总计		8600				149621.6
评价	组间		3	42.316	2.772	0.040	126.948
	组内		8597	15.263			131217.6
	总计		8600				131344.5
总分	组间		3	1285.46	9.541	<0.001	3856.38
	组内		8597	134.727			1158246
	总计		8600				1162102

第五章
大学生高阶思维能力发展影响因素研究

随着高等教育质量评价的关注点从结果性指标向过程性指标的转变，学习投入成为近年中外学者研究的重点。Bond等学者指出，学习投入指的是学生在学习过程中所付出的精力和努力程度。大学生的学习投入对他们的学习成果有至关重要的影响。很多学者的实证研究均证实了大学生的学习投入与他们的学习成果存在显著的正相关关系。例如，Kahu（2013）和Zusho（2017）的研究显示，学生各方面的投入越多，他们的学业成就和能力发展就越高。Diseth（2007）发现大学生的努力程度和课程学习体验能够有效预测他们的课业成绩。汪雅霜（2015）通过调查研究发现，学习投入对学生自评的通用技能收获、专业知识收获有显著正向影响。李雄鹰和秦晓晴（2019）的研究显示，入选"拔尖计划"的学生学习投入的多少可以直接影响学习收获，投入越多，学生自我报告的知识收获、创新性能力收获也越高。高阶思维能力是大学生的核心学习成果，大学生的各类学习投入也必然是大学生高阶思维能力发展的重要影响因素。

本章主要基于大学生学习投入理论，讨论大学生高阶思维能力的影响因素。第一节将首先回顾大学生学习投入理论的发展，并介绍课题组编制的"Y 大学学生学习投入问卷"。第二节主要通过实证研究讨论大学生各类学习投入指标对学生高阶思维能力发展的影响。第三节基于实证研究结果提出大学生高阶思维能力的培养策略。

第一节　Y 大学学生学习投入问卷

一、大学生学习投入理论

1. 大学生学习投入理论的发展历程

大学生学习投入理论的缘起可以追溯至 20 世纪 30 年代，美国著名教育家 Tyler（1935）提出了"任务时间"的概念，并指出学生投入到学习中的时间越多，学到的也就越多，展示了时间对学习任务的积极影响。在泰勒的基础上，Pace（1982）又提出了"努力的质量"这一概念，即学生在利用大学环境中存在的学习和发展的设施及机会方面所投入的努力的质量。他认为仅仅注重学生投入到学习中的时间是不够的，还要关注学生在学习过程中的专注程度，即同时关注学习投入的质与量。1984 年 Astin 提出了"学习投入理论"，认为学生投入是指学生在学习过程中所付出的心力和努力，包括质的参与和量的参与。Astin 还提出了一个极具影响力的模型：投入（Input）—环境（Environment）—产出（Output）模型，即 I—E—O 模型。1985 年，Pasearella 通过对 Astin I—E—O 模型中的不同变量进行调整，构建了大学生变化评定模型（General Model for Accessing Change），解锁大学生发展背后的动态运作机制和影响路径，对直接影响因素和间接影响因素进行了划分。20 世纪 90 年代，Kuh（1991）进一步完善了投入理论，并制定了全国学生学习投入调查"（National Survey Student

Engagement，NSSE），目前 NSSE 是全美最有影响力的学生调查。上述学者的学习投入理论主要侧重行为方面。后续，一些学者研究了情感方面的学习投入，例如 Schaufeli（2002）提出的激发动能和幸福感的学习投入研究；Fredricks（2004）等学者建立的学习投入三维框架。这些都进一步丰富了大学生学习投入理论。

在现有研究中，以学生为主导的学习性投入主要包括个人努力、生师互动、生生互动等要素，而以院校为主导的学习性投入主要包括校园环境支持度和学业挑战度等要素。它们对促进学生知识、能力、归属感、满意度以及未来志向等方面的学习结果都具有积极影响。

2. 乔治·库（George Kuh）的学习投入理论

在早期的研究中，Tyler 和 Pace 的主要观点主要以学生作为主体，认为学生在学习活动中所花费的时间和精力即为学习性投入。随后，Astin 等学者发现包括资源配置、课程安排、住址、各种活动、学校氛围等在内的院校环境与大学生学习性投入也有着密切的联系。Kuh 进一步发展和完善了 Astin 等人的理论，提出了"学习性投入"（student engagement）或"学生参与度"（student involvement）理论，目前 Kuh 的研究是大学生学习投入领域最具影响力的理论之一。

Kuh（1991）认为，大学生学习投入包含学生和院校两大因素。前者指学生在个人学业和课堂内外有效教育活动中所投入的时间及精力，后者指学校在政策、实践及制度等方面吸引及支持学生学习的努力。学生学习性投入的本质是有效教育活动中学生个体学习与院校整体环境之间的交互作用。他强调学生在学习活动、校园活动和社会活动中的参与时间及其质量对学生能力发展的影响，学生投入的时间和质量越高，其相应方面的能力增长越快，并提出要多个维度来衡量学生的学习性投入，包括学术挑战、师生互动、学生努力、学业支持等。学生的学习性投入除了受到学生自身因素影响之外，还会受到学校环境及氛围等外部因素的影响，即学校如何通过配置资源、组织课程、开展活动以及提供服务等实践来引导学生将精力投入到有效的学习行为和活动中去。学校越是从各方面创造条件鼓励并支持学生主动参与到有效的学习活动中，学生便越会在这些活动中投入更多的时间和精力，从而获得更好的学习效果。

二、问卷内容

虽然目前国内外有众多关于大学生学习投入的成熟问卷，但因为版权等问题，课题组的合作院校无法使用。因此课题组在调研了这些问卷的基础上，以 Kuh 的学习性投入和学生参与度理论为基础，根据参与院校的实际情况，邀请了 3 位教育学领域的专家和 2 位 Y 大学教务、学生管理部门的教师共同编制了 Y 大学学生学习投入问卷，用以研究大学生学习投入对高阶思维能力发展的影响。

Y 大学学生学习投入问卷共分为课程、教学、学习活动、交流互动、学校活动、学校环境、学校资源等 7 个部分。

课程部分包含 4 项具体指标：课程资源充足、丰富；课程的整体教学质量高；课程的安排和管理有序、合理；课程能满足我的学习要求。

教学部分包括 8 项具体指标：授课教师学术水平高；教师的讲授清晰、准确，我能充分理解；教师重视课堂纪律；我能有效地参与到课堂教学中；课程有一定难度，我需要努力才能通过；课程教学有效地锻炼了我的思维能力；课程考核合理，能反映我的真实水平；教师会就我的作业及时给我反馈。

学习活动部分包括 12 项具体指标：上课前查找、阅读相关材料做课前准备；课堂上主动提问或参与讨论；课堂上对某一观点/结论进行分析和质疑；经过充分准备，在课堂上就某一主题做报告；课后和老师/同学讨论课程内容；课后对所学内容进行系统地总结、复习；学习中主动使用分析、推理、评价等思维方法；课堂讨论或完成作业时从不同的视角综合考虑问题；将某一课程的学习和其他课程内容相联系；将自己的学习和社会问题相联系；反思自己学习过程的优点和不足；课后主动查找线上资源进行学习。

交流互动部分包括 6 项具体指标：我经常与任课教师交流；我经常与辅导员或学校的其他教师交流；我经常与本专业同学交流、讨论；我经常与其他专业同学交流、讨论；我经常与其他同学一起合作完成课程作业；我曾经与其他同学一起完成某项学术研究。

校园活动部分包括 8 项具体指标：我经常参加学校组织的校园活动；我经常参加学生会／社团活动；我参加过学业／创业竞赛；我参加过科研项目研究；我经常听各类讲座；我参加过学术交流活动（外校交流、学术会议等）；我参加过社会服务／志愿者活动；我参加过实习／创业活动。

学校环境部分包括 5 项具体指标：学校有良好的学习气氛；在学校，我能找到合适的学习场所；经常有外校专家、学生来校交流；学校有丰富的面向学生的学术活动（包括讲座、竞赛、学术夏令营等）；学校有丰富的校园活动和社团活动。

学校资源部分包括 5 项具体指标：在学校，我能获得学习需要的各类材料；我能通过图书馆系统获得需要的图书和文献资料；学校有适量的学生外出访学（去外校或出国）机会；学校有合理的奖学金、助学金体系；需要时，我能获得辅导员、学校管理人员的帮助。

第二节 大学生学习投入对高阶思维能力的影响

为了调查学习投入因素对学生高阶思维能力发展的影响，课题组与一所普通本科院校（简称为 Y 大学）合作完成了这项实证研究。课题组以自愿参加的方式在这所院校招募了研究样本。首先课题组请参与研究的同学参加了 CCHA 测试，然后请他们完成了 Y 大学学生学习投入问卷。经过数据清洗后，课题组计算了这些同学的学习投入表现和 CCHA 成绩，并通过回归分析了各项学习投入指标对 CCHA 成绩的影响。

一、Y 大学学生的学习投入

1. 研究样本

Y 大学为以文科为主要学科的高等院校，样本总数为 424 人，其中男生 94 人，女生 330 人。一年级样本数为 166 人，二年级样本数为 119 人，三年级样本数为 71 人，四年级样本数为 68 人；理科样本数为 30 人，工科样本数为 100 人，文科样本数为 252 人，其他学科样本数为 42 人，见表 5-1。

表 5-1　Y 大学样本分布情况

性别	人数	年级	人数	学科	人数
男	94	一	166	理科	30
女	330	二	119	工科	100
总	424	三	71	文科	252
		四	68	其他	42

2. 学习投入表现

（1）总体

在本次大学生学习投入调查的 7 个部分中，"学校环境"部分得分最高，得分是 4.04；其次是"教学"，得分是 3.98；再次是"学校资源"部分，得分是 3.97；"课程"部分的得分是 3.89；"学习活动"部分的得分是 3.44；"交流互动"部分的分数为 3.29，得分最低的是"学校活动"，分数为 3.12，详见表 5-2。

表 5-2　问卷各部分得分汇总

	课程	教学	学习活动	交流互动	学校活动	学校环境	学校资源
平均值	3.89	3.98	3.44	3.29	3.12	4.04	3.97
标准差	0.97	0.92	1.00	1.12	1.23	0.92	0.96

（2）课程

"课程"部分得分较高，为3.89。这一部分具体包括4项指标。其中，"课程资源充足、丰富"一项得分最高，分数为4.00；其次为"课程的整体教学质量高"，分数为3.99；再次为"课程的安排和管理有序、合理"，分数为3.82；得分最低的是"课程能满足我的学习要求"，分数为3.76，详见表5-3。

表 5-3　课程部分各指标得分汇总

	平均分	标准差
课程资源充足、丰富	4.00	0.86
课程的整体教学质量高	3.99	0.92
课程的安排和管理有序、合理	3.82	1.04
课程能满足我的学习要求	3.76	1.05

（3）教学

"教学"部分得分较高，仅次于"环境"，分数为3.98。这一部分具体包括8项指标。其中，"授课教师学术水平高"一项得分最高，分数为4.21；"教师重视课堂纪律"，分数为4.08；"教师的讲授清晰、准确，我能充分理解"，分数为3.99；"课程有一定难度，我需要努力才能通过"，分数为3.97；"教师会就我的作业及时给我反馈"和"课程教学有效地锻炼了我的思维能力"分数均为3.96；"课程考核合理，能反映我的真实水平"，分数为3.86；"我能有效地参与到课堂教学中"得分最低，分数为3.82，详见表5-4。

表 5-4　教学部分各指标得分汇总

	平均分	标准差
授课教师学术水平高	4.21	0.82
教师重视课堂纪律	4.08	0.86
教师的讲授清晰、准确，我能充分理解	3.99	0.90
课程有一定难度，我需要努力才能通过	3.97	0.93
教师会就我的作业及时给我反馈	3.96	0.94
课程教学有效地锻炼了我的思维能力	3.96	0.99
课程考核合理，能反映我的真实水平	3.86	0.97
我能有效地参与到课堂教学中	3.82	0.98

（4）学习活动

"学习活动"部分得分较低，为 3.44。这一部分具体包括 13 项指标。其中，"课后主动查找线上资源进行学习"得分最高，分数为 3.64；"反思自己学习过程的优点和不足"和"将某一课程的学习和其他课程内容相联系"，分数均为 3.63；得分最低的是"课堂上主动提问或参与讨论"，分数为 2.99；"上课前查找、阅读相关材料做课前准备"，分数为 3.08；"课堂上对某一观点结论进行分析和质疑"，得分为 3.09，详见表 5-5。

表 5-5　学习活动部分各指标得分汇总

	平均分	标准差
课后主动查找线上资源进行学习	3.64	1.00
反思自己学习过程的优点和不足	3.63	1.00
将某一课程的学习和其他课程内容相联系	3.63	0.99
经过充分准备，在课堂上就某一主题做报告	3.62	1.09
学习中主动使用分析、推理、评价等思维方法	3.54	0.97

续表

	平均分	标准差
将自己的学习和社会问题相联系	3.54	1.03
课后对所学内容进行系统地总结、复习	3.48	1.01
课堂讨论或完成作业时从不同的视角综合考虑问题	3.42	1.05
课后和老师同学讨论课程内容	3.25	1.05
课堂上对某一观点结论进行分析和质疑	3.09	1.04
上课前查找、阅读相关材料做课前准备	3.08	1.01
课堂上主动提问或参与讨论	2.99	1.02

（5）交流互动

"交流互动"部分得分较低，仅次于"学校活动"，为3.29。这一部分具体包括6项指标。其中，"我经常与本专业同学交流、讨论"一项得分最高，分数为3.79；"我经常与其他同学一起合作完成课程作业"，分数为3.61；"我曾经与其他同学一起完成某项学术研究"，分数为3.25；"我经常与其他专业同学交流、讨论"，分数为3.11；"我经常与任课教师交流"，分数为3.01；得分最低的是"我经常与辅导员或学校的其他教师交流"，分数为2.98，详见表5-6。

表5-6 交流互动部分各指标得分汇总

	平均分	标准差
我经常与本专业同学交流、讨论	3.79	1.04
我经常与其他同学一起合作完成课程作业	3.61	1.07
我曾经与其他同学一起完成某项学术研究	3.25	1.24
我经常与其他专业同学交流、讨论	3.11	1.18
我经常与任课教师交流	3.01	1.06
我经常与辅导员或学校的其他教师交流	2.98	1.12

（6）学校活动

"学习活动"部分得分最低，为3.12。这一部分具体包括8项指标。其中，"我参加过社会服务/志愿者活动"一项得分最高，分数为3.84；"我经常参加学校组织的校园活动"，分数为3.53；"我经常参加学生会/社团活动"，分数为3.38；"我参加过学术交流活动（外校交流、学术会议等）"，得分为2.80；得分最低的是"我参加过科研项目研究"，分数为2.54，详见表5-7。

表5-7 学校活动部分各指标得分汇总

	平均分	标准差
我参加过社会服务/志愿者活动	3.84	1.17
我经常参加学校组织的校园活动	3.53	1.12
我经常参加学生会/社团活动	3.38	1.19
我参加过学业/创业竞赛	3.01	1.32
我经常听各类讲座	2.97	1.14
我参加过实习/创业活动	2.87	1.39
我参加过学术交流活动（外校交流、学术会议等）	2.80	1.27
我参加过科研项目研究	2.54	1.29

（7）学校环境

"学校环境"部分得分最高，为4.04。这一部分具体包括5项指标。其中，"在学校，我能找到合适的学习场所"一项得分最高，分数为4.13；"学校有丰富的校园活动和社团活动"，分数为4.11；"学校有良好的学习气氛"，分数为4.00；"经常有外校专家、学生来校交流"，分数为3.98；得分最低的是"学校有丰富的面向学生的学术活动（包括讲座、竞赛、学术夏令营等）"，分数为3.96分，详见表5-8。

表 5-8　学校环境部分各指标得分汇总

	平均分	标准差
在学校，我能找到合适的学习场所	4.13	0.87
学校有丰富的校园活动和社团活动	4.11	0.88
学校有良好的学习气氛	4.00	0.94
经常有外校专家、学生来校交流	3.98	0.95
学校有丰富的面向学生的学术活动（包括讲座、竞赛、学术夏令营等）	3.96	0.96

（8）资源

"学校资源"部分得分较高，为 3.97。这一部分具体包括 5 项指标。其中，"需要时，我能获得辅导员、学校管理人员的帮助"一项得分最高，分数为 4.15；"学校有合理的奖学金、助学金体系"，分数为 4.00；"学校有适量的学生外出访学（去外校或出国）机会"，分数为 3.94；"在学校，我能获得学习需要的各类材料"，分数为 3.88；得分最低的是"我能通过图书馆系统获得需要的图书和文献资料"，分数为 3.87，详见表 5-9。

表 5-9　资源部分各指标得分汇总

	平均分	标准差
需要时，我能获得辅导员、学校管理人员的帮助	4.15	0.87
学校有合理的奖学金、助学金体系	4.00	0.96
学校有适量的学生外出访学（去外校或出国）机会	3.94	0.97
在学校，我能获得学习需要的各类材料	3.88	0.98
我能通过图书馆系统获得需要的图书和文献资料	3.87	1.01

二、Y大学学生学习投入对高阶思维能力发展的影响

1. CCHA 成绩

Y 大学参加研究的学生高阶思维能力良好，CCHA 总分平均分为 77.50，理解分测验成绩为 26.34，分析分测验成绩为 23.41，评价分测验成绩为 22.80，总分和各分测验等级均为良好，见表 5-10。对比 CCHA 不同类型院校常模，Y 大学样本的 CCHA 成绩已经达到了 "211 工程"院校的水平。Y 大学虽然为普通本科院校，但是在近期的学科评估中，几个学科的评价达到了 "A"，学校学生整体水平较高、学校教学质量较好，因此 Y 大学学生的 CCHA 表现基本符合预期。

表 5-10　Y 大学样本 CCHA 成绩

	理解分测验	分析分测验	评价分测验	总分
平均分	26.34	23.41	22.80	77.50
平均分等级	良好	良好	良好	良好
标准差	3.17	3.18	3.04	7.28

2. 学习投入对 CCHA 成绩的回归分析

回归分析是通过一个或多个自变量对因变量进行解释和预测的统计分析方法。本研究采用回归分析研究 Y 大学学生学习投入对高阶思维能力发展的影响。本研究的研究假设为大学生学习投入指标：课程、教学、学习活动、交流互动、学校活动、学校资源、学校环境可以解释学生的 CCHA 成绩的大部分差异。

本次多元线性回归分析满足误差正态分布以及误差和预测变量不相关的前提假定（见图 5-1）。预测变量与因变量显著相关（表 5-11）。强制回归结果显示，预测变量中除了课程、校园环境之外，其余五个变量对学生 CCHA 成绩具有良好的解释作用，R^2 为 0.607，即学生学

习投入指标教学、学习活动、交流互动、学校活动、学校资源构成的组合能解释学生 CCHA 成绩 60.7% 的变异。五个预测变量中,教学的标准化回归系数最高为 0.232,其次为学校资源,标准化回归系数为 0.210,再次为学习活动 0.164,标准化回归系数最低的为交流互动和学校活动,标准化回归系数分别为 0.139 和 0.135,见表 5-12。标准化回归方程为 CCHA 成绩 = 0.232× 教学 + 0.210× 学校资源 + 0.164× 学习活动 + 0.139× 交流互动 + 0.135× 学校活动。

多元线性回归结果说明,Y 大学学生的学习投入对他们的高阶思维能力发展有显著的正向影响,本次调查的学习投入的 7 个指标与学生的高阶思维能力相关显著,且都达到了中等程度的相关。学习投入的等 5 个指标能够解释学生高阶思维能力 60.7% 的差异,这 5 个指标解释力由高到低的排序为教学、学校资源、学习活动、交流互动、学校活动。

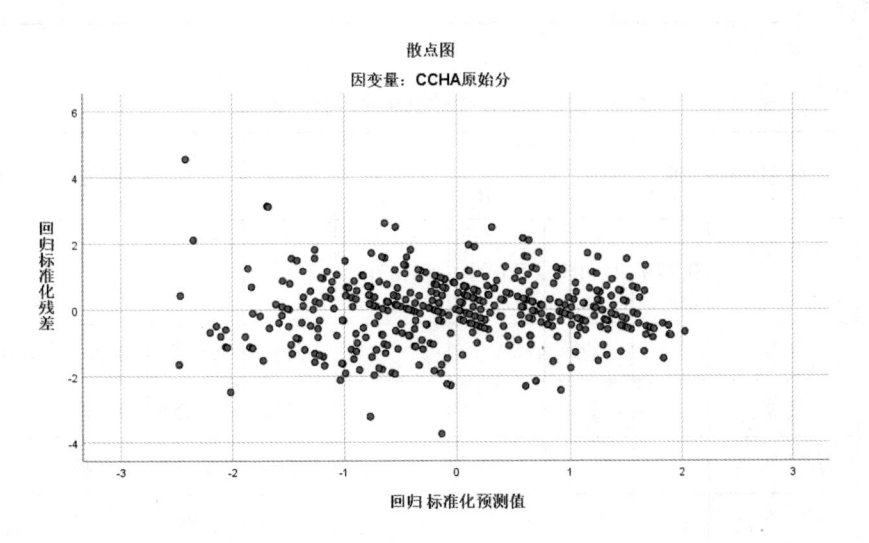

图 5-1 多元线性回归预测变量与残差关系图

表 5-11　变量相关矩阵

	CCHA成绩	课程	教学	学习活动	交流互动	学校活动	学校环境	学校资源
CCHA成绩	1.00	0.60	0.65	0.61	0.61	0.54	0.62	0.64
课程	0.60	1.00	0.85	0.45	0.44	0.34	0.64	0.66
教学	0.65	0.85	1.00	0.53	0.48	0.37	0.63	0.65
学习活动	0.61	0.45	0.53	1.00	0.69	0.62	0.44	0.45
交流互动	0.61	0.44	0.48	0.69	1.00	0.73	0.46	0.47
学校活动	0.54	0.34	0.37	0.62	0.73	1.00	0.40	0.38
学校环境	0.62	0.64	0.63	0.44	0.46	0.40	1.00	0.87
学校资源	0.64	0.66	0.65	0.45	0.47	0.38	0.87	1.00

表 5-12　多元线性回归摘要表 （n=424）

	变量	R	R^2	调整后的 R^2	$F_{(7,416)}$	Beta	$t_{(416)}$	容差	VIF
因变量	CCHA原始分	0.779	0.607	0.601	91.870*				
自变量	课程					0.033	0.532	0.247	4.046
	教学					0.232	3.655*	0.235	4.261
	学习活动					0.164	3.578*	0.447	2.238
	交流互动					0.139	2.689*	0.353	2.830
	学校活动					0.135	2.888*	0.433	2.310
	学校环境					0.074	1.134	0.224	4.455
	学校资源					0.210	3.188*	0.217	4.607

注：*$p<0.01$

第三节　培养建议

从 CCHA 的常模来看，我国大学生的高阶思维能力总体发展情况良好。但不同院校类型、不同学科学生的高阶思维能力差异很大。"985 工程"院校学生的高阶思维能力较强，但普通本科院校学生的高阶思维能力还有待进一步提高。理科和工科学生高阶思维能力水平较高，文科学生高阶思维能力略低。作为大学生学习成果的核心，学生高阶思维能力的培养还需要进一步地重视和改进。

Y 大学是北京地区的一所普通本科院校。近期的学科评估中，Y 大学的几个学科的评价达到了"A"，学校学生整体水平较高、学校教学质量较好。从 Y 大学参与研究学生的 CCHA 成绩来看，学生在理解分测验上表现最好、其次为分析分测验、再次为评价分测验，符合 CCHA 的理论预设，学生 CCHA 成绩比较合理。通过分析 Y 大学学生的学习投入调查情况、CCHA 得分情况，我们认为 Y 大学参与研究的样本有一定的代表性。前文我们研究了 Y 大学学生学习投入对 CCHA 成绩的影响。基于这项研究，对于大学生高阶思维能力的培养，我们提出如下建议。

1. 教学方面

在 Y 大学的大学生学习投入研究中，教学是对学生高阶思维能力发展解释力最强的指标，也就是说教学因素对大学生的高阶思维能力影响最大。在调查中，教学部分的各项指标得分较高，但"课程有一定难度，我需要努力才能通过""课程教学有效地锻炼了我的思维能力""教师会就我的作业及时给我反馈""课程考核合理，能反映我的真实水平""我能有效地参与到课堂教学中"几项得分略低，教师可以从提高课程挑战度、提高课程参与度、改进课程考评方法、加强作业反馈等方面改进学生体验，进而改进学生高阶思维能力的培养。具体可以考虑采用以下方案：翻转课堂，将传统的课堂教学与作业颠倒过来，学生课下通过视频、书籍等自学基础知识，课堂上进行讨论、练习和应用。翻转课堂可以有效地提高课堂教学的参与度和挑战度（韩芳芳等，2015）。深度提问，一些研究表明，教师的提问方式会影响学生思考的深度。要求学生具有独立思考和推理能力的高阶问题能够提高学生的学习成效，促进思维发展（陈金燕，2023）。多元评价，一方面采用多种评价方式，另一方面增加评价主体，如自我评价、同伴互评等方式让学生在评价中得到有效反馈和激励，促进学生思维能力发展。

2. 学校资源方面

学校资源部分的指标对学生高阶思维能力发展解释力也很强，资源因素对大学生的高阶思维能力影响较大。在调查中，学校资源部分的各项指标得分较高，但"在学校,我能获得学习需要的各类材料""我能通过图书馆系统获得需要的图书和文献资料"两项得分略低。现代社会是信息化社会，大学生多通过互联网和图书馆的信息系统获取学习资源。学校资源特别是电子信息资源的充足度、便利度势必会对学生包括高阶思维能力在内的学习成果产生影响。因此，在这一部分我们建议有条件的高等院校为学生建设通畅、便捷的信息资源，特别是线上学习资源获取通道。例如，构建校本网络信息系统，通过本地化的服务器提高算力；开发学习资源共享平台，实现校内学习资源共享，帮助学生高效获取学习材料等。一些研究已经证明，这些举措能够有效地提高学生的学习投入，进而促进学生高阶思维能力的发展（金倩，2022）。

3. 学习方面

大学生的各类学习活动对他们高阶思维能力的发展有直接影响，

本研究的回归分析也证实了这一结论。Y大学样本在学习活动部分的得分不高。值得注意的是"学习中主动使用分析、推理、评价等思维方法""将自己的学习和社会问题相联系""课后对所学内容进行系统地总结、复习""课堂讨论或完成作业时从不同的视角综合考虑问题""课后和老师同学讨论课程内容""课堂上对某一观点结论进行分析和质疑""上课前查找、阅读相关材料做课前准备""课堂上主动提问或参与讨论"得分都偏低。从这些指标来看，学生的主动学习行为、高阶学习行为不足。这会直接影响学生高阶思维能力的发展。因此建议教师在课堂教学中采用以学生为中心的教学模式，促进学生主动学习行为、高阶学习行为的发生。例如，项目式学习、探究式学习，让学生从真实世界中的基本问题出发，围绕复杂的、来自真实情境的主题，以小组方式进行开放性探究，然后完成一系列诸如设计、计划、问题解决、决策、作品创建以及结果交流等学习任务，并最终达到知识建构与高阶思维能力的提升（柯清超，2018）。

4. 交流方面

一些研究发现，中国学生的交流互动，无论是师生互动还是生生互动都明显低于欧美学生。在本研究的调查中交流互动这一部分的得分也较低，特别是"我曾经与其他同学一起完成某项学术研究""我经常与其他专业同学交流、讨论""我经常与任课教师交流""我经常与辅导员或学校的其他教师交流"几项。本研究的回归分析表明，交流互动对学生的高阶思维能力发展有直接影响。提高师生互动、生生互动的频率和质量有利于学生高阶思维能力的发展。具体可以考虑采取以下方案，课堂上设置小组任务，引导学生合作与讨论。利用网络平台开展线上师生、生生讨论。线上讨论突破了时间、空间的障碍，让师生能够随时随地地交流。另外一些学生怯于或羞于同与教师和同学交流，线上平台也能帮助他们克服心理障碍。开展课后兴趣沙龙，兴趣沙龙能够以一种轻松愉悦的方式展开师生、生生对话。对于兴趣沙龙，参与人员、交流主题都可以设置得比较宽泛，以广开言路，增进交流，开拓思维为主要目标。

5. 学校方面

大学生学习投入理论认为，除了课堂教学，学校的多种活动对大学生也有很强的塑造作用。Kuh等学者提出一些高影响力的活动对学生的塑造作用尤其显著。本研究也发现学校活动对学生高阶思维能力的发展有直接影响。目前，学校活动的作用并没有得到充分的重视。在研究的学生学习投入调查中，学校活动这一部分得分最低，"我经常听各类讲座""我参加过实习/创业活动""我参加过学术交流活动（外校交流、学术会议等）""我参加过科研项目研究"几项的得分均低于3分，值得注意。提高本科教育质量并不只是课程、专业和学科的变革和调整，还应包括学生在大学期间可以体验和获得的各种经历（龚放、吕林海，2012）。社团活动、社会实践活动、学术交流活动等非课堂活动对大学生高阶思维能力发展有显著的积极影响（苟斐斐、周信杉，2024）。因此，建议各院校应在实践中供给多样化的非课堂活动，扩充非课堂活动的"广度"与"数量"，增加学生非课堂活动参与的"可选择机会"，满足其多元兴趣和偏好需求，从供给侧视角保障非课堂活动的丰富与多元；同时，完善非课堂活动的相关支持措施，保障"深度"与"质量"。为学生提供高质量的非课堂活动，在此基础上，也要利用网络社交平台如网站、公告栏等向学生宣传即将举办的相关活动信息、益处以及参与方式，也可引入各种激励措施来鼓励学生参与非课堂活动。此外，也需要定期评估非课堂经历对学生成长和发展的影响，通过收集学生的反馈，了解参与体验和改进建议，以期在"基于证据"的前提下完善各种相关支持措施。

第六章
基于学科测试的大学生思维能力研究

　　我国的高等院校对学生思维能力的培养主要有两类途径：第一类，单独设立思维能力课程，如批判性思维课程、逻辑思维课程等等；第二类，将思维能力训练融入学科课程，在传授学生学习知识、培养学生学科能力的同时进行思维能力训练。从目前的情况来看，多数高校和专业采用的是第二类培养途径。这两类培养途径的学生学习成果检验，均可以采用通用的标准化测试（如CCHA）进行测评。而对于第二类培养途径，如能将学科测试与思维能力测试融为一体，则更能体现出这类课程的特点，师生的接受度也更高，测试更有效率。本章我们将讨论基于学科测试的学生思维能力研究方案。

　　语言与思维密不可分。在众多学科中，语言类学科非常重视学生思维能力的培养，是第二类培养途径的代表，因此我们将以语言学科的测试为代表性案例，展示基于学科的学生思维能力分析。在本章的第一节，我们将通过认知诊断评价对一项国家通用语言能力测试进行分析，研究考生的认知技能表现。在本章的第二节，我们将研究学生在主观性测试（作文）中表现出的认知技能水平。

第一节　客观性测试的认知诊断研究

语言与思维密切相关。认知语言学认为，语言学习和运用的背后是复杂的认知加工过程（Fodor, 1975）。在语言运用中，学生的思维能力表现为记忆、理解、分析等具象化的认知技能。语言类学科普遍强调学生思维能力的培养，也就是认知技能的训练。但目前，教师对学生的认知技能掌握情况普遍缺乏了解（王校羽，黄永亮，2016；殷晟恺，金艳，2022）。一方面，潜隐性、复杂性是思维能力的主要特点，学生的认知技能掌握情况难以直接观察；另一方面，当前的语言测试，囿于测试分析技术，通常只能给出笼统的分数，无法报告考生微观技能的表现，教学反馈意义有限。学生认知技能的培养和评测是教学中常被忽视的难题（陈慧麟，陈劲松，2013；马晓梅，杜文博，2022）。

作为新一代的测试分析理论，认知诊断评价（Cognitive Diagnostic Assessment）的成熟，有望成为解决这一难题的钥匙。认知诊断评价是根据考生在测试中的作答反应，分析考生潜在的知识、技能掌握状态和认知结构的测试分析方法（Kim, 2011）。作为新一代的测试分析理论，认知诊断评价将语言测试的研究引入了微观领域，通过测试数据探究考生在语言运用中的认知技能表现成为可能（闵尚超，熊笠地，2019）。鉴于此，本研究基于认知诊断评价，尝试分析少数民族地区大学生在一项国家通用语言能力中的认知技能表现，以及不同语言水平考生认知技能掌握情况的差异，并根据研究结果提出相应的教学建议。

一、研究基础

1. 认知技能的界定

认知技能的概念源于教育学领域。从美国教育学家 Dewey（1910）

开始，学生认知思维能力的培养一直是教育领域的研究主题。虽然认知神经科学、心理学的研究仍然无法充分解释人脑思维的运行机制，但为了使教师在教学活动中更关注学生高阶思维能力的培养，在教育学领域，学生的思维能力常被分解为记忆、理解、分析、评价等一系列的认知技能进行研究，布鲁姆教育目标分类学是此类理论的代表。在语言教学领域，语言与思维之间相互作用的机制虽未有定论，研究者吸取教育学的经验，通过布鲁姆教育目标分类学研究学生语言学习中的认知技能培养（李明秋，2014；李养龙，李莉文，2013；Atkinson, 1997；Stapleton, 2001）。

在教育学领域，学生思维能力的培养也常从思辨能力的角度进行讨论，因此一些学者基于思辨能力对认知技能进行界定和研究。其中影响力最大的理论是 Facione 等学者提出的思辨能力理论。该理论将思辨能力划分为 6 项核心认知技能，解释、分析、评价、推论、阐释和自我调整（Facione, 1990）。在此基础上，我国外语教学界的学者也讨论了认知技能的界定，如孙有中（2015）将认知技能定义为对证据、概念、方法、标准、背景等要素的阐述、分析、评价、推理与解释。

这两种认知技能的界定方法视角不同。相比之下，布鲁姆教育目标分类学应用更为广泛，该项理论也是国际上很多知名第二语言测试的理论基础，对语言测试的开发和分析具有良好的适用性（韩宝成，张允，2015）。因此，本研究将认知技能界定为布鲁姆教育目标分类学（2001 版）划分的识别、回忆、解释、举例、分类、总结、推断、比较、说明、执行、实施、区别、组织、归因、检查、评论、产生、计划、生成等 19 项技能，分属于记忆、理解、应用、分析、评价、创造等 6 个认知层次（Andersen et al., 2001）。因为这 6 个层次的复杂度逐渐升高，前三个复杂度比较低的层次（记忆、理解、应用）上认知技能为低阶认知技能，后三个复杂度比较高的层次（分析、评价、创造）上的认知技能为高阶认知技能（Hopson et al., 2001）。①

2. 语言测试领域的认知技能研究

认知技能是语言教学的关注因素，也是语言测试的考查重点。目前大型语言测试多采用综合型测试任务（integrated task），考查对象可以划分为语言知识、技能运用以及认知技能三个层次，其中认知技能是最深层次的考查对象（杨立剑等，2017；Brown et al., 2005）。例如，语法测试中，学生需要理解语法规则进行句子理解与构建；在阅读理解测试中，学生需要领会文章的主旨、作者的意图以及文章中的逻辑关系。这些测试内容都要求学生进行深入的思考、推理和分析，展示出他们的认知技能。

虽然认知技能对语言学习的重要性被广为认可，但目前语言测试领域的考生认知技能研究并不充分，现有研究主要集中于以下几个方面：（1）测试量表的开发。文秋芳等（2009）、杨莉芳（2018）、马利红（2019）构建了突出认知技能考查的语言测试试题、框架和量表。（2）语言测试认知技能考点的分析。杨旭（2018）、Effatpanah（2019）、Baghaei et al.（2020）等分析了高考英语、IELTS、TOFEL 等影响力较大的语言测试对考生认知技能的考查。（3）语言测试考生的认知技能研究。一些学者讨论了认知技能对考生在阅读、听力、写作测试中表现的影响（高霄，文秋芳，2017；孙有中，2015；Bernhardt, 2005；Stapleton, 2001）。总体来看，目前语言测试领域的认知技能研究不多，现有研究以英语作为第二语言的测试研究为主。针对语言测试自身的

---

① 在 CCHA 的研发研究中，为保证测试对各学科学生的广泛适用性，课题组采用了广义的高阶思维能力定义。在基于学科测试的学生思维能力研究中，因为学科测试涉及的认知技能数量有限，为充分体现考生能力的差异，课题组采用狭义的高阶思维能力定义。

研究略多，关于考生认知技能发展情况的实证类研究很少，认知技能定义的复杂性、传统的语言测试分析方法在很大程度上限制了此类研究的开展。

3. 认知诊断评价在语言测试中的应用

作为新一代的测量理论，认知诊断评价关注考生微观特质，强调细粒度的诊断评估，因此很早就受到了语言测评领域学者的关注。早在20世纪末，Buck等（1998）学者就对TOEIC的听力测试进行了诊断分析，虽然这项研究采用的并非严格意义上的认知诊断模型，但是诊断评价的理念为语言测试的分析开辟了新方向（闵尚超，熊笠地，2019）。目前，认知诊断评价已经成为语言测试领域的一大研究热点。国内外学者广泛讨论了各类认知诊断模型对大型语言测试的适用性（陈璐欣，王佶旻，2016；Brown et al., 2005）、Q矩阵的建立（蔡艳，涂冬波，2015；Sawaki et al., 2009）、认知诊断结果的报告（马晓梅，杜文博，2022；张海云，2022）、诊断性语言测试的开发（Alderson, 2005；Toprak & Cakir, 2021）等等，当然讨论最集中的是考生语言技能的认知诊断分析。例如，Jang（2005）、Kim（2011）讨论了TOFEL、EAP（英语能力评估测试）等测试中考生的语言技能表现；陈慧麟、陈劲松（2013）、闵尚超、熊笠地（2019）、Effatpanah（2019）通过PISA（国际学生评估项目）、校本英语测试、IELTS等测试的数据分析了考生的语言能力结构等等。认知诊断评价拓宽了语言测试领域的研究对象，目前该领域的研究除了对方法自身的探讨，主要集中于考生听力、阅读、写作等方面的语言技能评价，但也有学者指出目前的研究大多没有充分发挥认知诊断评价的优势，完成对考生思维能力的测量。本研究将尝试在此领域有所突破，一方面，探索认知诊断在语言测试考生认知技能分析中的应用；另一方面，分析目前少数民族地区大学生认知技能的掌握情况，为少数民族地区大学生的国家通用语言教学改进提供新的思路和理据。

二、实证研究

1. 研究问题

本研究具体尝试回答以下问题：

（1）考生在测试中表现出的认知技能掌握程度如何？

（2）考生在测试中表现出的认知技能掌握模式有什么特点？

（3）语言水平不同的考生认知技能掌握程度和掌握模式存在哪些差别？

2. 研究工具

本研究采用的语言测试是一项面向我国少数民族地区大学生的国家通用语言能力测试（以下简称 A 测试）。这项测试为国家级语言能力测试，测试形式为纸笔测试。测试共包含听力理解、阅读理解、书面表达（作文）三个部分。试卷的命题和组卷充分考虑语言知识、语言能力、认知技能等方面内容的平衡，内容效度良好（彭恒利，2015）。因为认知诊断模型的限制，本研究采用这项测试客观题数据作为研究对象，共包括听力理解 10 题，阅读理解 40 题。客观题的形式均为单项选择题。

3. 研究样本

本研究的研究样本是近年 A 测试的一次实测数据。测试的考生为我国少数民族地区高等院校的在读大学生，实际测试人数为 10924 人，其中男生 7691 人，女生 3233 人，考生专业涉及理学、工学、管理学、法学、经济学、教育学等多个类别，考生国家通用语言文字的学习时间均大于 1600 学时。

4. Q 矩阵的建立

对测试进行认知诊断评价，首先需要建立测试试题的 Q 矩阵。Q

矩阵是关于试题认知属性（微观考点）的矩阵，其主要功能是建立起考生认知状态与项目作答反应的连接（涂东波等，2019）。建立Q矩阵的核心是确定试题的认知属性，在本研究中就是确定测试试题考查了哪些认知技能。试题的认知属性即为试题的认知技能考点。

本研究中的认知技能依据布鲁姆教育目标分类学（2001版）界定，共19项。本研究邀请了5位语言测试领域的专家进行试题认知属性的标注。这五位专家年龄在35～60岁之间；其中男性1人，女性4人；语言测试审题经验均超过10年。专家参考了A测试命题细目表中对试题认知技能考点的描述，认为考点契合布鲁姆教育目标分类学（2001版）的认知技能框架，可以根据该理论完成试题属性标注。标注过程分为两步。第一步，我们请专家对A测试本次测试试卷的各种题型进行了分析和讨论，建立起试题题型与试题认知属性的基本对应表，这是具体试题认知属性标注的依据，见表6-1。第二步，请专家完成具体试题的认知属性标注。首先，5位专家进行背对背单独标注。统计标注结果，50题中41题标注结果一致，9题存在分歧；然后，专家对属性标注意见存在分歧的试题进行讨论，再结合命题细目表中试题考点的描述，共同确定试题属性。

标注结果如下，本次测试试题涉及的认知技能属性共7项，分别为"解释""总结""推断""区别""组织""归因""检查"，属性代码标记为A1～A7，分属于"理解""分析""评价"等3个认知层次，即为本研究中的3个认知属性大类，试题认知属性统计见表6-2。其中A1～A3为低阶认知技能；A4～A7为高阶认知技能。每题具有1～2项认知属性。根据专家标注结果建立的Q矩阵见表6-3，第一列为试题题号，第一行为试题的认知属性代码，矩阵中"1"表示"具有"，"0"表示"不具有"，例如第1题，A1列标记"1"，表示该题具有认知属性A1。

表 6-1　题型与试题认知属性基本对应表

A 测试题型	试题认知属性	属性代码	认知属性描述	认知属性大类
细节查找题	解释	A1	将信息从一种表示形式转变为另一种表示形式	理解
主题概括题	总结	A2	概括总主题或要点	理解
内容推断题	推断	A3	从呈现的信息中推断出合乎逻辑的结论	理解
细节辨别题	区别	A4	区分呈现材料的相关与无关部分或重要与次要部分	分析
句子填空题	组织	A5	确定要素在一个结构中的合适位置或作用	分析
观点推断题	归因	A6	确定呈现材料背后的观点、倾向、价值或意图	分析
材料对比题	检查	A7	确定一个过程是否具有内部一致性	评价

表 6-2　试题认知技能属性统计

属性	A1	A2	A3	A4	A5	A6	A7
试题数量	32	7	7	6	4	4	4

表 6-3　Q 矩阵举例

题号	A1	A2	A3	A4	A5	A6	A7
1	1	0	0	0	0	0	0
3	1	0	0	0	0	0	0
10	1	0	0	0	1	0	0
19	0	0	0	0	0	1	0
28	0	0	1	0	0	0	1

5.认知诊断模型的选择

认知诊断评价的第二步是选择合适的认知诊断模型，计算被试的认知技能掌握概率和掌握模式。中外多位学者提出，认知诊断模型的选择需要从理论层面和数据检验两个层面综合考虑。特别在数据拟合方面，认知诊断模型的评价很难做到绝对拟合，实践中一般采用相对拟合的评价方法，即先划定模型范围，然后从这些模型中选择与数据拟合度最好的模型（涂东波等，2019；Maydeu-Olivares & Li., 2006）。因此，本研究认知诊断模型的选择方案为先通过理论分析确定模型选择范围，然后再通过数据拟合检验选择最适合的模型。

认知诊断模型的选择与试题的认知属性密切相关。布鲁姆教育目标分类学（2001版）不强调认知技能间清晰的界限，允许交叉和重叠，因此本研究界定的试题认知属性间可能存在相互影响。鉴于此，本研究倾向于选用允许属性之间拥有补偿效应且属性假设机制更为宽松的认知诊断模型，如饱和模型GDINA模型，以及简化模型中具有补偿效应的NIDO模型、C-RRUM模型等。

在数据拟合检验方面，本研究首先采用认知诊断评价常用的测试拟合检验进行分析。测试拟合检验是从测试层面完成的验证，常用的是偏差、AIC、BIC等统计量，这三个统计量的值越低，模型拟合情况越好（de la Torre & Douglas, 2008）。经过计算，GDINA模型的偏差值为499915.12，AIC值为500425.12，BIC值为502286.29；DINO模型的偏差值为501177.27，AIC值为501631.27，BIC值为503288.08；RRUM模型的偏差值为500088.85，AIC值为500570.83，BIC值为502329.82。从数值上看，GDINA模型的表现优于DINO和RRUM等模型，见表6-4。

为进一步确定GDINA模型的适用性，本研究采用项目拟合检验和被试拟合检验，从试题和被试层面对GDNIA模型进行进一步的评估。RMSEA是项目拟合检验常用的指标，通常认为RMSEA＜0.06

时模型拟合良好（Oliveri & Davier, 2011）。本研究中 GDINA 模型的 RMSEA 值为 0.02，符合项目拟合检验要求。在项目反应理论的框架下，通常认为 -2 是这一指标的临界值。本研究中，被试反应数据与 GDINA 模型拟合的平均指数为 0.32，拟合率达到 97.13%，证明 GDINA 模型与被试数据拟合良好。综上，理论分析、测试拟合检验、项目拟合检验、被试拟合检验表明 GDINA 模型适用于本研究。

表 6-4　测试拟合检验结果

模型	参数量	偏差	AIC	BIC
GDINA	255	499915.12	500425.12	502286.29
LCDM	255	499915.33	500425.32	502286.49
GDM	255	499915.12	500425.12	502286.29
DINO	227	501177.27	501631.27	503288.08
RRUM	241	500088.85	500570.83	502329.82

三、研究结果

本研究采用 R 语言 GDINA 软件包依据专家确定的 Q 矩阵对 A 测试的本次实测数据完成了认知诊断评价，得出了考生的属性掌握概率和属性掌握模式，结果如下。

1. 属性掌握概率

属性掌握概率描绘的是考生对试题考查的认知属性的掌握程度，这项指标的取值在 0～1 之间。本次测试中，考生的总体属性掌握概率为 0.51，考生的认知技能掌握程度中等。7 个属性中，考生"解释""总结"两个属性掌握概率最高，掌握概率分别为 0.62 和 0.61，属于属性大类"理解"；其次是"推断""区别""组织"，掌握概率分别为 0.56、0.58 和 0.43，分属于属性大类"理解"和"分析"；掌握概率最低的两个属性是"归因""检查",分别属于属性大类"分析"和"评论"。按优秀、良好、中等、较差、差五等级分类法(谢美华,2015),考生对低阶认知技能"解释""总结"的掌握等级为"良好",低阶认知技能"推断"、高阶认知技能"区别""组织"的掌握等级为"中等",高阶认知技能"归因""检查"的掌握等级为"较差",详见表 6-5。

表 6-5 考生属性掌握概率和等级

属性代码	A1	A2	A3	A4	A5	A6	A7
属性	解释	总结	推断	区别	组织	归因	检查
掌握概率	0.62	0.61	0.56	0.58	0.43	0.39	0.35
掌握等级	良好	良好	中等	中等	中等	较差	较差

2. 属性掌握模式

认知诊断评价的第二项分析结果为属性掌握模式,这一指标汇总了考生对每个属性的掌握状态,代表着考生潜在的认知结构。考生的属性掌握模式常用向量的形式来表示,0.5 是属性掌握概率的切分点,大于等于 0.5 视为"掌握",在属性掌握模式中计为"1",小于"0.5"则视为"未掌握",在属性掌握模式中计为"0"(涂东波,2019)。

本次测试中,10924 名考生产生了 22 种属性掌握模式,其中分布人数最多的是"1111111",表示考生掌握了所有属性;排在第二位的是"0001000",表示考生仅掌握属性"区别";排在第三位的是"1110000",表明考生掌握属性"解释""总结""推断"。排在前 3 位的属性掌握模式总占比达到了 78%,代表着考生群体最主要的几类认知技能结构,详见表 6-6。

表 6-6　考生属性掌握模式（部分）

排序	属性掌握模式	比例
1	1111111	36%
2	0001000	30%
3	1110000	12%
4	1110010	6%
5	1100100	4%

3. 不同语言水平组考生的属性掌握概率

A 测试的历年总体通过率在 50% 左右，为分析语言能力不同的考生认知技能掌握程度的差别，本研究采用语言测试考生水平的常用分组方法，以测试的总分平均分为界将样本分为语言水平较高考生组（简称 1 组）和语言水平较低考生组（简称 2 组）。1 组考生人数 5632 人；2 组考生人数 5292 人。认知诊断评价的结果表明，1 组考生的认知属性掌握程度较好，7 项认知属性的掌握概率处于 0.54～0.95 之间，掌握概率最高的 3 项是低阶认知技能，掌握等级为"优秀"。2 组考生的认知属性掌握程度普遍不佳，掌握概率处于 0.07～0.56 之间，值得注意的是 2 组考生在高阶认知技能"区别"上的属性掌握概率最高，其余技能的属性掌握等级均为"较差"或"差"。独立样本 T 检验表明，两组考生 7 项属性的掌握概率差异均显著（P < 0.01），6 项的效应值（Cohen'd）大于 1，属于较大差异，见表 6-7。

表 6-7　不同语言水平组考生属性掌握概率差异

属性	解释	总结	推断	区别	组织	归因	检查
1 组考生掌握概率	0.95	0.91	0.87	0.60	0.65	0.69	0.54
2 组考生掌握概率	0.26	0.29	0.23	0.56	0.19	0.07	0.14

续表

属性	解释	总结	推断	区别	组织	归因	检查
两组差异 t	132.41	132.12	131.22	6.50	101.62	126.32	80.04
显著性	0.00	0.00	0.00	0.00	0.00	0.00	0.00
Cohen'd	1.57	1.57	1.57	0.12	1.39	1.54	1.22

4. 不同语言能力考生属性掌握模式

1组考生共有20种属性掌握模式，比例最高的模式为"1111111"，考生掌握全部属性；其次为模式"1110000"，掌握3项低阶认知技能；排在第三位的模式"1110010"，掌握3项低阶认知技能和1项高阶认知技能。2组考生共有19种属性掌握模式，比例最高的3种为：模式"0001000"，掌握1项高阶认知技能；模式"1110000"，掌握3项低阶认知技能；模式"0100100"，掌握1项低阶认知技能和1项高阶认知技能，具体见表6-8。

对比两组占比排在前3位的属性掌握模式，1组考生的属性掌握模式更为集中，占比最多的3种掌握模式中，低阶认知技能均呈"掌握"状态。2组考生的属性掌握模式相对分散，呈"掌握"的属性数量为0～3个，既有低阶认知技能，也有高阶认知技能。

表6-8 不同语言水平组考生属性掌握模式（部分）

排序	语言能力较高组（1组）		语言能力较低组（2组）	
	属性掌握模式	比例	属性掌握模式	比例
1	1111111	67%	0001000	60%
2	1110000	14%	1110000	10%
3	1110010	8%	0100100	5%
4	1100100	4%	0000000	4%
5	1010000	2%	0001001	4%

四、研究结论及讨论

1. 考生认知技能表现的总体特点

首先，考生认知技能总体表现中等，高阶认知技能表现较差。本次测试中，考生的总体属性掌握概率为 0.51，在各项认知技能上的具体表现符合布鲁姆教育目标分类学（2001版）对认知技能复杂度的设定，但两项高阶认知技能（"归因""检查"）的属性掌握概率偏低，值得关注。分析原因，本次测试采用综合性测试任务，考生想正确完成试题既需要一定的语言能力读懂试题语料，还需要完成试题设置的信息加工任务。考查低阶认知技能的试题，答案来自语料中的显性信息，一般通过一次信息加工即可完成试题。而考查高阶认知技能的试题则通常需要考生完成多次的信息加工，难度较大。例如，测试中考查"归因"属性的观点推断题，考生需要先理解语料事件，然后分析主人公的行为，再据此推测主人公的观点和意图。这类试题的答案需要考生逐步判断、推出、生成，因此高阶认知技能不足，很难做对这类试题。这也是很多考生反映的"明明语料读懂了，但是题却做不对"的原因。一些针对英语学习者的研究也发现高阶认知技能不足是较高阶段语言学习者普遍存在的问题（陈慧麟，陈劲松，2013；Heaton, 1988）。

其次，考生认知技能掌握模式聚类明显，低阶认知技能多成组掌握，高阶认知技能多分散掌握。本次测试的试题共涉及 7 项认知属性，理论上可以出现 128 种属性掌握模式，但实际上只产生了 22 种。排在前几位的属性掌握模式占比很高，前 4 种掌握模式占考生掌握模式总体的 84%，聚类趋势明显。属性掌握模式刻画的是考生潜在的认知结构，本次测试的诊断结果说明考生认知结构的共性很强。进一步分析，我们发现，考生的低阶认知技能通常成组掌握；高阶认知技能通常单项、分散掌握。我们认为这样的结果很可能源于认知技能间的互补机制。一些学者在研究中发现，考生在语言测试中使用的技能具有补偿效应，也就说即使考生没有完全掌握试题考点，也不是一定会做错题目，其掌握的其他技能可以在一定程度上补偿他的"欠缺"（闵尚超，熊笠地，2019；Bernhardt，2005）。布鲁姆教育目标分类学（2001 版）也提出，认知技能间不存在清晰的界限，技能间存在相互作用（Andersen et al.，2001）。从本研究的诊断结果来看，3 项低阶认知技能"解释""总结""推断"间的补偿效应比较显著，而其余的认知技能间补偿效应不明显。

2. 不同语言水平组考生的认知技能表现的差异

考生的语言水平与认知技能表现相关度高。语言水平不同的考生在低阶认知技能的表现上差异大，在高阶认知技能的表现上差异略小。在本次测试中，1 组考生 7 项认知属性掌握概率显著高于 2 组考生。在 3 项低阶认知技能上，两组考生表现出的差异很大；在"组织""归因""检查"3 项高阶认知技能上，两组考生的差异略小，在高阶认知技能"区别"上，两组考生差异最小。考生在本次测试中的认知技能表现基本符合预期。一方面，在语言学习中，学习者语言能力发展与思维能力发展存在相互促进的关系。学界很多针对二语听力、阅读、写作的实证研究都得出了这样的结论（高霄，文秋芳，2017；Weir & Khalifa，2008）。另一方面，语言水平也影响着考生在测试中的认知技能的发挥（范婷婷，曾用强，2019）。从本研究的结果来看，语言水平对考生的认知技能表现影响非常显著，对不同复杂度认知技能的影响也存在差异，低阶认知技能受到影响更大，高阶认知技能受到的影响略小。

多数语言水平较高考生的属性掌握模式全面、系统；语言水平较低考生则呈现出零散、随机的特点。1 组考生的属性掌握模式中，全掌握模式的占比达到了 67%，多数语言水平较高的考生可以在测试中灵活运用多种认知技能完成试题。2 组占比最多的属性掌握模式中呈"掌握"的属性仅为 1 个，其余属性掌握模式中呈"掌握"的属性也很零散，既有低阶认知技能，也有高阶认知技能，随机性很强。考生的属性掌握模式特点说明，多数语言水平较高的考生认知技能掌握程度好，认知技能间的补偿效应也有助于考生提高试题完成度，他们的认知技能掌握模式显得很系统。而多数语言水平较低的考生在完成测试任务时，常过度依赖1～3项认知技能，这1～3认知技能既有低阶认知技能"总结""推断"，也有高阶认知技能"区别""组织""检查"，没有具体的规律。杜文博和马晓梅（2021）对二语学习者语言技能结构的研究也发现了类似的特点。Andersen et al.（2001）提出，认知技能的复杂度虽有层级差异，但不存在累积关系，高阶认知技能的掌握不以低阶认知技能的掌握为基础。考生可能在全部低阶认知技能都不掌握的情况下，掌握某项高阶认知技能，考生对认知技能的掌握可以不受复杂度的影响。这就解释了为什么本研究中2组考生掌握程度最高的认知技能是一项高阶认知技能（区别）。2组考生属性掌握模式呈现的零散、随机的特点也是合理的。

五、教学建议

本次测试的考生人数达到了1万余名，对少数民族地区的大学生群体具有一定的代表性。从认知诊断评价的结果来看，考生的总体认知技能掌握程度中等，并不十分理想，具体呈现以下特征：掌握模式聚类显著；不同语言水平组考生低阶认知技能差异大、高阶认知技能差异略小；多数高水平组考生认知技能掌握全面、系统，低水平组考生认知技能掌握零散、随机。

第一，识别问题，改进弱项。语言与思维联系紧密。学生认知思维技能不足会限制语言能力的表现。在本次测试中，考生在高阶认知技能上普遍表现不佳。从测试成绩上看，仅有5%的考生成绩达到90分以上，考生在认知技能上的欠缺影响了他们测试成绩。田玉银（2014）、刘科（2020）等学者曾提出，考生在语言测试中的失误，很多源于认知思维水平,将考生不佳的表现完全归因于词汇量、语法等表层原因是非常局限的。本研究再次印证了这些观点。因此,建议承担国家通用语言文字课程的教师,面对学生出现的语言问题,需首先明确问题的本质,是表层的语言问题还是深层的思维问题。例如在本次测试中,考查属性"归因"的观点推断题,要求学生根据材料中的故事判断材料中主人公对其他相关事件的观点。正确回答这类试题,学生不仅需要相当的语言能力读懂材料,还需要具有良好的分析能力进行类比判断。很多语言能力很强的学生因为"归因"属性掌握不佳而在此题上失分。正确地识别学生出现的问题,才能设计有针对性的教学方案。特别是对于语言水平较高的学生,很多时候制约他们进一步提高的弱项是某类高阶技能的欠缺。从弱项出发,加强认知技能训练对提高他们的国家通用语言能力,必定事半功倍。

第二,合理分类,循类施教。"因材施教"是教学活动的理想。根据学生的特点,对学生合理分类,采用有针对性的教学方案,能有效地提高教学效果。本研究中考生的聚集特征明显。语言水平不同的考生组,认知技能的掌握情况组间差异大,组内相似度高。基于这一特点,教学中可以根据学生语言水平的差异进行合理分类,循类教学。语言能力较高的学生对于低阶认知技能掌握程度较好,而对于难度更高的高阶认知技能掌握程度一般,在教学中应更侧重高阶思维能力的训练。在属性掌握模式中,高阶认知技能呈"掌握"时分布零散,说明属性难度大、相关性弱,学生在掌握这些技能时的特点是逐个掌握而不是集中掌握,因此在这些技能的训练中可以采用"分散"的教学方法,单独训练。语言水平较低的学生,认知思维能力技能的整体掌握情况也较差,对这一类学生的教学,建议根据认知技能的复杂度,采取由低到高、循序渐进的系统性教学方案。另外,根据考生属性掌握模式特点,3项低阶认知技能复杂度相近,补偿效应明显,在考生的属性掌握模式中多聚集,因此对于学生低阶认知技能的训练,成组教学效果更佳。

第三，深挖信息，精准评价。测试是教学的量规，测试的目的是反馈教学、提升教学，科学地设计、使用测试更对教学有一定的引领作用。本研究基于教育目标分类学、认知诊断理论，通过实证分析，证明语言测试可以有效地考察学生的认知技能。本研究采用的试题认知技能属性分析方法对教学中常规测试的编制也有借鉴意义。教学中的常规测试一般由任课教师编制，用于课程中、学期中和学期末学生学习情况的检查，这类测试的反馈、引领功能很强。建议承担国家通用语言文字课程的教师科学设计测试，编制试题时不仅重视词汇、语法、篇章等方面的知识点，更关注深层次认知技能的考察，通过教育目标分类学，强化试题的认知技能属性，引导学生认知技能的训练。具体来看，对于不同认知技能的考查，可以采用不同的题型，例如对认知技能"总结"的考察，可以采用主题概括题；对认知技能"区别"，可以采用细节辨别题（具体参考表2中题型与属性的对应关系）。从教学方法上，认知技能的培养方法练习优于讲授。将测试融入教学，作为一个连续、动态的环节，与教学相互渗透，有助于强化语言课堂中认知技能的训练。语言教学和评价有机结合，形成一个相互支持、促进教学改进的循环，对学生的认知思维技能培养、国家通用语言能力的提高大有裨益。另外，本研究证明通过认知诊断评价可以完成语言测试的考生认知技能分析。鉴于认知诊断评价的广泛适用性，本研究采用的方法也同样适用于其他学科的测试分析。

第二节 主观性测试的考生认知技能分析

作为典型的主观性试题，写作是一项伴随着思维多重加工和多种水平的认知行为，写作时，学生主要对抽象概念或话题进行思考，涉及到分析、综合、比较、概括、创造等多种认知技能，思维活动更加复杂，更能体现学生的认知技能。但是，当前对写作测试的研究多聚焦在作文评分、考生写作中的语言问题以及答题技巧等方面，仅仅停留在作文的表层分数上，少有对作文中内隐的认知技能的研究，对于写作能力的提升缺少深入分析和有效指导，而且作文成绩单往往只报告写作部分的总分，考生无从得知自己作文的薄弱之处，对于考生的反馈意义十分有限。鉴于此，本研究基于布鲁姆教育目标分类学（2001版），尝试分析少数民族地区大学生[①]在一项国家通用语言能力测试中的认知技能表现，以及不同语言水平考生认知技能掌握情况的差异，并根据研究结果提出相应的教学建议。

一、研究基础

1. 写作认知技能研究的可行性

相较于客观题，主观题的作答排除了考生猜测的因素，可以更为显著地体现考生对于问题的分析和解决能力（李莉文，李养龙，2013）。写作测试作为一种综合性较强的主观评估手段，显著区别于单向进行的听力、口语和阅读测试。它构建了一个输入与输出相互交融的双向过程，在此过程中，写作者先从其个人经验或学习积累中汲取写作所需的素材作为输入，然后借助一系列思维技巧，如贮存、分析、筛选、概括、想象等，对收集到的信息进行深度加工与处理，最后，将这些经过精心构思的内容通过书面语言这一媒介得以展现（尹相如，王昆建，1986），既没有严格的体裁要求，也没有唯一的答案，减少了对考生思维的限制，最大限度地给予考生自由表达和创造发挥的空间。标准化语言测试的作文试题命制遵循科学规范的流程，确保题目内容既紧扣时代脉搏，又全面覆盖了语料的新鲜度、语言知识的掌握、写作技巧的展现以及思维能力的锻炼。此类试题不仅考查考生

---

① 此处的大学生群体包括预科生、专科生和本科生。

基础的语言素养，更注重对考生深层思维能力的测查，力求多维度地衡量其综合素质。考生要成功完成一篇作文，不仅需要具备扎实的语言基本功，包括词汇的丰富性与语法的准确性，还需要具备较强的分析、综合、比较、概括、创造等认知技能。因此，写作任务不仅是一项对语言能力的测试，更是一次对学生思维深度与广度的挑战，考查更加深入，能够深入挖掘并反馈出考生在思维活动过程中的丰富信息。思维作为一种高级的心理现象，其复杂程度使得对其直接测量具有相当的难度（文秋芳，2006）。Kellogg（1994）认为，写作可被视为思维的一种外在表现，二者如同智力活动中的双生子，写作具有显著的表达性，有助于揭示思维心理学的本质，开启对人类思维方式的深入洞察。作文中潜藏着丰富的思维信息，并且可以通过语言表征被外化和认识，是探究考生思维状况的重要渠道。正如苏联心理学家维果茨基（2010）所说："正是在词义中，思维和语言才融合成言语思维。也只有在词义中，才能找到思维和语言之间关系的答案。"所以，由词义构筑起的作文正是我们研究学生认知技能的有效材料。布鲁姆教育目标分类学（2001 版）按照认知规律划分并定义了学生的认知技能，将其具体为外显的、可测量的各项指标。因此，基于教育目标分类学的理论基础，可以有效界定考生写作技能的认知属性，这也使外化考生写作时用到的认知技能成为可能。

2. 写作测试的认知技能分析

思维能力深刻影响着学生的写作表现，对写作的逻辑、思想的表达、写作知识的运用、新观念的创造以及写作问题的发现与纠正等都会产生直接而重要的影响（王可，2008）。随着认知心理学、写作心理学、写作思维理论的不断演进，越来越多的学者关注到写作与思维之间错综复杂且密切深刻的联系，并深入剖析写作测试中展现的认知技能，旨在从思维层面挖掘促进学生写作能力发展与提升的新策略。例如，王可等人（2008）通过对 50 多名语文教师的问卷调查和深度访谈，达成了共识：思维能力是构成写作能力的关键部分，并进一步将写作过程中的思维活动解构为概括、分析、综合、计划、评价、创造等多个方面。王铁梅（2013）的研究则通过问卷调查的方式，揭示了英语作为第二语言的学习者在写作实践中频繁运用的认知思维技巧，如语码转换、重复策略、头脑风暴等，并强调了这些认知策略对于促进文本构思、优化内容与结构的重要作用，进而提倡将认知写作策略融入教学过程，以提高二语学习者的写作水平。温爱英（2017）针对2016年全国中考英语书面表达题目，从思维品质评估的角度出发，发现这些题目巧妙地融入了对学生理解力、创作力以及分析能力等多元思维能力的考查，进一步印证了写作不仅仅是文字的堆砌，更是思维活动的外化表现。候改改（2019）将大学生写作需要的基本思维能力概括为形象思维、逻辑思维和创造思维三大类别，进一步细化为联想、想象、分析、综合、概括、判断、推理等思维过程，并据此构建了针对大学生写作思维的系统性训练框架。曹群珍（2021）认为书面表达题是检测学生思维品质的主要手段，指出中考英语书面表达题目旨在考查学生信息梳理与归纳、逻辑链条构建、问题解决策略、批判性问题的提出以及独立观点的形成等多维度的思维品质。

近年来，布鲁姆教育目标分类学作为一项分析理论，在语言测试领域显现出独特的应用价值。研究者们采纳了该分类学中关于认知领域的层级划分，对测试题目所涉及的认知层次或认知属性进行量化或质性剖析，旨在揭示试题设计的特点或不足（荆洪光，2009；Assaly & Smadi, 2015；杨旭，2018；Baghaei et al., 2020；Bayaydah & Altweissi, 2020；刘科，2020；Muhayimana et al., 2022），一些学者也基于该项理论对学生的作文进行了研究。例如，李莉文和李养龙（2013）以布鲁姆教育目标分类学（2001版）为框架，分析了2002—2012年高考英语写作题型、内容及评分标准中的认知技能层次，指出高考英语写作部分对思维能力的要求不足，不利于培养学生的思辨能力。张君涵（2017）依据布鲁姆教育目标分类体系，分析了 IELTS 在听、说、读、写四个部分所对应的认知思维层级，指出写作涉及的知识层面主要为较高层级的"运用""分析"和"创新"，从而有针对性地为写作设计学习策略。Koksal 和 Ulum（2018）基于布鲁姆教育目标分类学，按照四种语言技能（阅读、写作、口语、听力）对大学普通英语课程的考试问题进行分类，发现试题只涵盖了"知识"和"理解"两种低层次的认知思维能力。Belarbi 和 Bensafa（2020）依据布鲁姆教育目标分类学，分析了阿尔及利亚英语学士学位考试试卷中"书面表达"部分所涵盖的思维技能，发现该考试主要考查的是低阶思维技能，缺乏"应用""评价"等高阶思维技能。

总体来看，当前语言测试领域对认知技能的探究尚显匮乏。布鲁姆教育目标分类学（2001 版）为语言测试的认知技能研究开辟了新的路径。本研究将尝试利用该理论拓展新的研究视角，一方面，探索布鲁姆教育目标学（2001 版）在写作测试考生认知技能分析中的应用；另一方面，分析目前少数民族地区大学生认知技能的掌握情况，为少数民族地区国家通用语言教学改进提供新的思路和理据。

二、实证研究

1. 研究问题

本研究将以布鲁姆教育目标分类学（2001 版）为理论依据，对一项国家通用语言能力测试考生进行认知技能的表现分析，具体研究问题如下：

（1）如何对作文中的考生写作技能进行分析与标定？

（2）如何确定作文中考生写作技能的认知属性？

（3）在作文样本中，考生的认知技能表现如何？

2. 测试题目

本研究采用的语言测试是一项面向我国少数民族地区的国家通用语言能力测试（以下简称 B 测试）。卫灿金（1997）曾强调，议论文对学生思维能力的要求最高，它超越了简单的事实陈述或解释，深入到理性层面，要求对特定议题进行深刻的抽象剖析与逻辑思考。在 B 测试中，话题作文作为典型题型，倾向于议论性质，其独特之处在于紧密关联考生的日常生活实际，题干设定较为开放，为考生提供了广阔的自由表达空间。这种设计方式有助于更加全面且精准地评估考生的综合语言能力及其背后的认知策略与技能。因此，本研究将作文样本选定为 B 测试中的一篇话题作文，题干材料及要求如下：

我们生活在网络时代，网络给生活带来了种种方便与趣味，然而，如果将大量的时间花在网上，手不离机，眼不离屏，日常生活就会被"碎片化"。

读网更要读书。与网上动不动就有成千上万的点击、转载相比，读书可能是冷清的，但读书可以让人沉下心来，感受世界，感悟人生。

请以"网络时代的读书生活"为话题，自拟题目，写一篇作文。

该题干描绘了当前时代背景下的一种现象，即在高度网络化的社会环境中，传统的阅读方式相较于网络的喧嚣显得较为沉寂。然而，正是这样的阅读活动，能够引领我们深入内心，细细品味世界的广阔与人生的深邃，其承载的价值与意义显得尤为珍贵。要求考生以"网络时代的读书生活"为话题，写一篇作文。首先，鉴于当前网络迅猛发展的背景下，书本阅读空间受到挤压，这一社会热点自然成为考生群体熟悉且深有感触的议题，确保了每位考生都能基于自身经历，围绕此话题展开丰富论述。其次，该题干巧妙构建了"网络"和"读书"两个主体，旨在引导考生通过对比分析，洞察两者间的本质差异，进而激发深层次的批判性思考、价值评判以及创新见解。最后，该题干保持了高度的开放性，仅框定话题范围，而不设过多的思维桎梏，鼓励考生自由表达，展现多元视角下的独到思考。通过考生对该题目的写作呈现，不仅能评估考生在字词运用、句篇构建等写作基础层面的能力，还能了解考生对于现实生活的敏锐洞察、对国家与时代发展的深入思考，是一篇能够全面反映考生写作水平、认知深度及思维广度的作文试题。

3. 研究样本

本研究的研究样本是近年 B 测试的一次写作实测数据。测试的考生为我国少数民族地区的大学生，实际测试人数为 3000 余人，考生均已接受 1200～1600 学时的国家通用语言教学。B 测试作文满分为 6 分，最低分为 1 分。本研究按照考生的作文分数将考生划分为不同的语言水平组，分别为高水平组（作文得分 5～6 分）、中等水平组（作文得分 3～4 分）和低水平组（作文得分 1～2 分），并在考生有效作文中以分层随机抽样的方法按组分别抽取了 200 篇、100 篇和 100 篇作文样本，作为本研究的研究样本。

4. 写作技能的分析标定

一项写作任务的完成，关键在于各项写作技能间的协调配合，考生在此过程中技能运用的精准度与熟练程度，实则深刻反映了其内在思维能力的高低。鉴于思维能力本身的抽象性与难以直接量化的特性，本研究拟通过写作技能这一可观察、可评估的表征形式，将考生的思维能力表现具体化，进而讨论考生认知技能的具体表现。因此，本研究首先对 B 测试作文中考生所使用的写作技能进行分析，再通过标定评分，获得考生各项写作技能的得分情况，为认知技能的研究奠定基础。

（1）写作技能分析

本研究对 B 测试写作技能的划分借鉴了朱作仁和祝新华两位学者

对写作能力结构的分类方法，他们提出的分类框架细致而全面，涵盖了语言、内容、结构等多个维度的写作能力要求。同时，也符合写作的认知过程，能够比较明显地体现考生在写作过程中使用的认知技能，使用这二人的分类方法来进行认知技能的研究显得更加清晰可行。为了更准确地反映出考生的认知技能表现差异，对考生写作技能的分类应当力求全面细致。朱作仁（1984）将学生的写作技能划分为审题（命题）、立意、收集材料、选材和组材（或称布局谋篇）、语言表达（或称遣词造句，包括运用表达方法）、修改作文六类。祝新华（1993）继承并发展了朱作仁的分类方法，将学生的写作技能划分为驾驭语言、确立中心、布局谋篇、叙述事实和择用方法五类。本研究首先借鉴祝新华的观点，确定了驾驭语言、确立中心、布局谋篇、叙述事实和择用方法五项主技能。朱作仁的分类更加细致，因此在评价框架的子技能，我们参考朱作仁的分类法以及测试的评分方案制定。由于我们划分的写作技能最终是用于研究考生的认知技能表现，所以，本研究在细化写作技能时还充分结合布鲁姆教育目标分类学（2001版）的认知过程分类框架，按照认知属性大类的层级变化进行写作技能的细化。同时，考虑到B测试面向的是少数民族地区考生，考生的学习经历有一定的特殊性，在对写作技能进行二级分类的过程中，也兼顾了考试大纲对考生写作能力的特别要求。

认知属性大类"记忆"涉及对知识的识别和回忆两项认知技能，写作中具体体现在对词汇和语法的掌握上。依据考试大纲，考生需确保汉字和语句书写的正确性，这是考生需要具备的基本写作技能。对于高水平考生而言，他们不仅追求准确性，还致力于词汇的丰富性与句式的多样性，以展现更高的语言驾驭能力。认知属性大类"理解"涉及对信息的意义建构。审题作为写作的起点，其关键在于准确捕捉题干信息，确保写作方向明确且紧扣主题。同时，正确理解的基础上才能有效运用。考纲指出，考生能够运用句子的连接手法，使句子连接自然，句意转换通顺。这需要考生准确理解句子、段落之间的逻辑关系，选用恰当的过渡衔接手法，如关联词、过渡句、指示代词等，确保句意的通顺流畅。认知属性大类"应用"涉及对程序性知识的运用，主要体现为考生对写作技巧的迁移使用。B 测试考生最常用的写作技巧是修辞方法，集中于对比喻、拟人、引用、排比等的使用。此外，根据文章需要选择合适的素材并进行创造性加工，也是知识迁移与应用的重要体现。认知属性大类"分析"指对材料的组成部分进行分解、区别、组织等处理。评分标准中强调"条理性"，即作文应具备清晰的结构层次与逻辑顺序，考生需精准划分段落，区分主次内容，合理分配篇幅，以展现其良好的分析组织能力。认知属性大类"评价"指基于标准或准则而进行的判断。B 测试的作文多偏向议论，要求考生针对特定现象或话题发表见解，这考验着他们的综合表达能力。考试大纲中明确要求考生能清晰阐述事件脉络，论证个人观点，表明 B 测试写作对考生的叙述和论证能力的重点要求。认知属性大类"创造"涉及将要素重新组织成新的体系，强调考生的创造性思维，这在作文立意中尤为突出，考生需将各要素重新组合，形成独特的见解与视角，通过作文展现其个性化、创造性的思维过程。综上，我们将写作技能细化为"词汇准确""词汇多样""语句准确""句式多样""审题""过渡衔接""修辞方法""素材运用""层次划分""区分主次""叙述论证""立意"，共 12 项子技能。

本研究中，我们将写作技能划分为 5 项主技能和 12 项子技能，详见表 6-9。考"审题"和"立意"是为确定写作主题而服务的，因此归到"确立中心"主技能下。"布局谋篇"是对文章结构和写作素材进行全面系统的规划组织。因此，将"素材运用"和"层次划分"归到其下。"叙述事实"是写作的重点阶段，而事实的叙述依赖于多种表达方式的运用，以叙述论证为主。此外，考生合理分配主次内容，也是叙述事实过程中需要关注的。因此，"叙述事实"主技能包括"叙述论证"

和"区分主次"两项子技能。"择用方法"主要指为提升作文质量而使用的一些写作技巧,因此,它包括"修辞方法"与"过渡衔接"两项子技能。考生驾驭语言的能力主要体现在遣词造句上,对词汇和语句的运用代表着考生语言驾驭能力的高低。所以,"驾驭语言"主技能下包括"词汇准确""词汇多样""语句准确""句式多样"四项子技能。

表 6-9　考生写作技能分类表

主技能	子技能
确立中心	审题
	立意
布局谋篇	素材运用
	层次划分
叙述事实	叙述论证
	区分主次
择用方法	修辞方法
	过渡衔接
驾驭语言	词汇准确
	词汇多样
	语句准确
	句式多样

（2）写作技能标定

为了更好地了解考生对各项写作技能的运用情况,从而进一步探究考生的认知技能水平,本研究将 12 项子技能作为 12 个评分点,每个评分点设置 1～5 个分数等级,对各项写作技能进行分项评分。通过分项评分的方式,我们能够更精确地看到考生在不同写作技能上的得分情况,以便进一步分析考生的认知技能表现。下面将以某位考生的作文作答文本为例,具体展示写作技能的标定和评分过程:

《书是全世界的营养品》F

①在这个信息爆炸的时代,每个人都仿佛离不开手机、都变成了"低头族G"的一员。从此我们少了面对面的交流,多了隔着屏幕的寒暄。C1作为一名大学生,我们更不可以沉迷于网络,不可以将宝贵的大学生活荒废于网络。

②但也不是说网络一定是不好的,只不过它将我们的空闲时间都填满了,J我们不再会拿着一本书安静地坐在图书馆,也不会因为要查阅一份资料而找各类书籍。C2因为有了网络,我们只需动一动手指就能查到我们想要的东西,不得不说网络带给了我们很多便捷,但回过头想想,这种便捷真的是我们想要的吗?H

③读书可以让人沉下心来,感受世界,感悟人生。读书可以让我们无处安放的心找到一个宁静的港湾。读书可以让我们与人多一点交流,让那些被网络荒废掉的时光不再重来。D

④如今各种解题软件,查单词软件让我们不再动动手查字典K,从而使字典的分量渐渐变轻,甚至都不愿去翻翻字典。网络时代不仅仅带给了我们生活上的便捷又给我们带来了懒惰的借口,却不知道手机电脑的幅射在一步步威害着我们的身体。A

⑤读书是快乐的,读万卷书不如行万里路,但如今的我们连读万卷书都做不到,更谈什么行万里路呢?B在闲暇时间读几本书吧,它比手机电脑更加有趣,你还会从中获得无穷的知识力量。E书中自有黄金屋、书中自有颜如玉。I

在"审题"上,该考生能够正确且全面地回应写作任务,紧紧围绕话题"网络时代的读书生活"来论述,没有偏题、跑题,并且关注到了题干的细节要求,自己拟定了题目,字数符合要求,说明考生对题干的理解是非常准确的。因此,在"审题"写作技能上达到了5分的水平。

在"立意"上,⑤段是体现考生核心立意的段落,从该段可以得知,考生的立意大致为"读书比网络更有趣,应该多读书"。这一立意符合给定话题,比较准确,主旨也比较突出,但在深刻性和新颖性上有所欠缺,所以属于4分的水平。

在"素材运用"上,该考生对素材的运用主要体现在A、B两处,A处选择了"软件代替字典使用"这一实例,指出手机电脑虽然方便,但伤害身体,意为突出读书的优势。B处选用了一句名言"读万卷书,行万里路",但考生并未直接使用原意,而是进行了改写,提出"读万卷书不如行万里路",指出"如今的我们连读万卷书都做不到,更谈什么行万里路呢?"反问句式点明当下人们忽视读书的现状。可以看出,该考生对于素材的运用紧紧服务主题,并且也有自己的思考和加工,对素材的运用比较熟练,属于5分的水平。

在"层次划分"上,该考生将作文划分为5个段落,层次上非常清晰,并且是依据写作内容的变化而进行的分段,逻辑合理,属于5分的水平。

在"叙述论证"上,该作文整体上清晰完整,第一段开门见山,亮明观点,中间部分说理论证,并且使用了事实论证(C1、C2)、道理论证(D)、对比论证(E)等多种论证方式,论证充分合理,具有较强的说服力,属于5分的水平。

在"修辞方法"上,该作文中的修辞方法丰富多样,如比喻(F)、借代(G)、疑问(H)、反问(B)、引用(I),并且使用恰当,使作文显得鲜活生动,富有文采,体现出该考生在写作技巧上的较高水平,属于5分的水平。

在"过渡衔接"上,该考生能正确使用一些关联词进行段间的过渡,如J句引出对网络便捷性的反面思考。但文中也存在一些过渡不够自然的地方,如②③段之间话题转变较为突兀,A句的前半句在论述网络时代让人变得懒惰,后半句主语又变成了手机电脑的辐射,二者并不存在转折关系,使用"却"来连接并不恰当,逻辑不通。所以,该技能只能达到3分的水平。

在"词汇准确"上，该考生使用的词汇比较准确，存在少量的错别字，如 A 句中的"幅射"和"威害"，C1 句中的"寒喧"，但不影响整体内容的表达，属于 4 分的水平。

在"词汇多样"上，该考生的词汇使用丰富多样，还能使用一些较高级和新颖的词汇，如"信息爆炸""低头族""寒喧""荒废"等，属于 5 分的水平。

在"语句准确"上，语句比较准确，有个别不通顺的地方，如 K 句的"查单词软件让我们不再动动手查字典"，但不影响全文的阅读，属于 4 分的水平。

在"句式多样"上，句式比较灵活多变，长短句、整散句相结合，使整篇作文读起来富有节奏，抑扬顿挫，属于 5 分的水平。

5. 写作技能认知属性分析

写作技能的认知属性分析是本研究中至关重要的一步。我们将通过专家法，基于布鲁姆教育目标分类学（2001 版）完成这一部分的标定。需要说明的是，写作活动涉及多种认知技能的协同参与，因此，一项写作技能可能对应着多项认知技能，这也进一步提高了本研究的难度。

如前所述，对于语言测试领域的认知技能研究，布鲁姆教育目标分类学（2001 版）是使用最广泛、认可度最高的理论。本研究将依据这项理论完成 A 测试试题认知属性的分析。布鲁姆教育目标分类学（2001 版）将学生的认知过程划分为复杂度由低到高的 6 个认知大类，19 项具体的认知技能（Andersen et al. 2001: 48-70）（识别、回忆、解释、举例、分类、总结、推断、比较、说明、执行、实施、区别、组织、归因、检查、评论、产生、计划、生成）。Hopson et al.（2002）提出，前 3 个复杂度较低大类（记忆、理解、应用）中的认知技能为低阶认知技能，后 3 个复杂度较高大类（分析、评价、创造）中的认知技能为高阶认知技能。为了确保认知属性分析的合理性和有效性，本研究邀请了 7 位具有多年 B 测试写作命题、评分经验的专家完成这一工作。这 7 位专家对于该测试作文的题型、内容都十分熟悉和了解。标定前，我们首先向专家详细阐释布鲁姆教育目标分类学（2001 版）对认知技能的界定，确保专家理解并掌握认知技能的具体内涵。然后请每位专家对写作技能进行认知属性的标定，在标定过程中确保每位专家独立标定，互不干扰，互不讨论。标定完成后，收集汇总标定结果，发现专家们在"审题""立意""叙述论证""修辞方法"和"过渡衔接"5 项写作技能上意见不一，经过第二轮的讨论分析，最终共同商定了写作技能的认知属性，建立起写作技能与认知技能的对应关系，详见表 6-10。

表 6-10　写作技能与认知技能对应关系表

主技能	子技能	认知属性大类	认知技能
确立中心	审题	记忆、理解	识别、推断
	立意	评价、创造	评论、生成
布局谋篇	素材运用	记忆、应用、分析	回忆、实施、组织
	层次划分	分析	区别、组织
叙述事实	叙述论证	理解、分析、评价	解释、举例、总结、推断、比较、说明、组织、评论
	区分主次	分析	区别、组织
择用方法	修辞方法	理解、应用、评价、创造	解释、实施、评论、计划、生成
	过渡衔接	理解、分析	说明、组织
驾驭语言	词汇准确	记忆、理解	回忆、解释
	词汇多样	记忆、理解、应用	回忆、解释、实施
	语句准确	记忆、理解	回忆、解释
	句式多样	记忆、理解、应用	回忆、解释、实施

"审题"是写作的第一步，要求考生细致全面地审视题目中的每一项要求，准确理解材料内容，以确保写作的主题和方向准确无误。面对一篇全新的写作任务，考生首先需要细读题干材料，从中筛选出与

已有写作经验相契合的信息,"识别"出题目的类型特征、字数限制、是否需要自拟题目等细节要求。题干材料是写作的线索,必须准确把握,否则,审题的"失之毫厘"可能会导致整篇作文"差之千里"。同时,考生还需要充分理解题干给定的材料,"推断"出文章应聚焦的论题与核心要点。因此,"审题"写作技能对应的是"识别"和"推断"两种认知技能。

"立意"就是为文章奠定思想基石,即作者针对特定话题所持有的核心观点,它映射出作者的思想深度、情感倾向与价值判断。在完成对题干材料的深入阅读后,考生基于个人经验与感悟做出自己的价值"判断／评论",为作文确定一个最为恰当的主旨。同时,立意的深刻与新颖决定着作文的上限,它需要考生对题目进行更深层次的建构和领悟,这一过程离不开创造性思维的驱动。立意实质上是考生为文章精心雕琢思想内核的过程,其成果深受考生的理解能力、视角立场以及知识储备等多重因素的影响,最终"生成"不尽相同的思想主旨。所以,"立意"写作技能对应着"评论"和"生成"两种认知技能。

"素材运用"包括对素材的选择和加工过程。确立写作主旨后,考生需要对写作内容进行填充,而素材正是丰满内容的关键。考生经过长期的学习和积累已经在大脑中建构了属于自己的素材库,在需要的时候只需对相关素材进行"提取／回忆"。而原始素材要成为可用素材还需要进行进一步加工,将零散、粗糙的原始素材重新"组织",形成贴合写作主题的可用材料。另外,将熟悉的素材应用于全新的写作任务中,也是一个"实施"程序的过程。所以,"素材运用"涉及"回忆""组织"和"实施"三种认知技能。

"层次划分"要求考生对作文结构进行合理的布局排列。通常来说,考生一边写作一边对所写内容进行分析,"区别"不同的写作内容,将内容一致的部分"组织"在一起,放在同一段落层次中,内容变化时则开启新的段落。与"层次划分"相类似,"区分主次"要求考生能够把握作文重点，具备详略安排意识。考生需要根据作文主旨"区分"出主要写作内容，即写作重点，主要内容详写，次要内容略写，并且将主要内容安排在作文的主干位置，作为作文的核心部分，让读者一目了然。因此，"层次划分"和"区分主次"写作技能都涉及"区别"和"组织"两种认知技能。

"叙述论证"作为核心表达策略，旨在将内心思想与情感转化为具体文字表述。考生通过记叙手法刻画事物轮廓，细述事件脉络，并通过多样化的论证技巧阐述立场、剖析事理，这一过程实现了思维由抽象至具象的书面转化，也就是"解释"意义。论证的过程中，考生经常使用"举例"和"比较"的论证方法，比如许多考生援引自己或身边实例来体现阅读的益处，或通过对比网络读书与纸质书阅读的不同体验来突出纸质书阅读的重要性。遵循写作常规，考生常常会在文末进行总结升华，点明作文的主旨，也就是对全文内容进行"总结"。同时，针对题干触及的社会现象，考生深入剖析其成因，"说明"网络时代读书式微的原因。为了证明论点的合理性，考生将论据进行系统的"组织"，形成支持论点的有力证据，并为自己的论证"推断"出合理的结论。B测试作文命题注重贴近考生的真实生活，题干材料选自当下热点话题或社会现象，因此考生能够从自身经验出发，对事物进行价值判断，从而进行感性或理性的"评论"。故"叙述论证"写作技能涉及"解释""举例""总结""推断""比较""说明""组织"和"评论"等八种认知技能。

"修辞方法"是对作文语言和内容的精雕细琢。B测试考生常用的修辞方法是比喻和拟人。精准"理解"本体特性是使用修辞的前提，考生使用修辞一方面是为了增强语言的生动性，另一方面也是为了更形象化地"解释"写作对象，精准刻画其特征，深化其意义。修辞手法通常具有固定的模式，例如比喻修辞，遵循"本体＋喻词＋喻体"的基本构造原则。在新的写作情境中，考生可以直接"实施"比喻修辞的这一写作程序来描述不同的事物。同时，选择何种修辞手法要根据考生对实际需要的"判断／评论",只有选择与事物特点相匹配的修辞手法,才能体现出修辞的意义。修辞创作是高度个性化的艺术活动,为了修饰语言或突出事物的特点,考生有针对性地设计修辞方法,经过思维加工所"生成"的比喻形式总是千差万别,即便是同一个事物也会呈现出千姿百态的比喻想象。因此,"修辞方法"写作技能涉及"解释""实施""评论""计划"和"生成"五种认知技能。

"过渡衔接"是指考生使用一定的衔接手段实现上下句、段与段之间的自然衔接,使文章逻辑流畅、结构严密。考生首先需要理顺句子或段落之间的逻辑关系,如因果、转折、并列等关系,发现它们之间的连贯性,然后通过关联词、过渡句等将上下文"组织"起来,以"说明"它们之间的逻辑关系。因此,"过渡衔接"写作技能涉及"组织"和"说明"两种认知技能。

词汇和句子是构建篇章的基石。在创作过程中,考生需"回忆"记忆中储备的词汇和语法知识,进行词汇搭配并组词成句。同时,作为意义表达的载体,词汇和句子共同承担着"解释"意义、传递信息的重任。因此,涉及词汇和语句的相关写作技能均涉及"回忆"和"解释"两种认知技能。另外,"词汇多样"和"句式多样"展现了考生高超的语言驾驭能力,意味着他们能够有意识地替换同义词语,灵活调整句法结构,巧妙融合长短句和整散句,这是考生对词汇和句式的灵活"实施／运用",体现出考生对于词汇和句式的熟练运用。综上,"词汇准确"和"语句准确"涉及"回忆"和"解释"两种认知技能,而"词汇多样"和"句式多样"还涉及"实施"认知技能。

三、研究结果

基于 400 篇作文写作技能的评分和写作技能认知属性的标定结果,本研究完成了样本作文的认知技能评分和统计,结果如下。

1. 考生总体的认知技能得分

（1）总体来看，考生的认知技能平均分为 3.12 分，掌握水平中等偏上。低阶认知技能平均分为 3.21 分，高阶认知技能平均分为 2.96 分。

（2）考生在认知技能"识别"上的得分最高，为 3.51 分，属于认知属性大类"记忆"；其次是认知技能"回忆"和"推断"，为 3.38 分和 3.32 分，分别属于认知属性大类"记忆"和"理解"。得分最低的认知技能是"计划"，为 2.53 分，属于认知属性大类"创造"；"生成"和"实施"两项认知技能得分也较低，为 2.88 分和 2.94 分，分别属于认知属性大类"创造"和"应用"。

（3）每项认知技能的标准差都大于 1，说明考生在各项认知技能上的表现存在较大差异。其中，考生在认知技能"解释"上的得分差异最大，在认知技能"计划"上的得分差异最小。

（4）高阶认知技能中，考生在认知技能"区别"上得分最高，为 3.28 分，属于认知属性大类"分析"；认知技能"计划"得分最低，为 2.53 分，属于认知属性大类"创造"。低阶认知技能中，"识别"得分最高，为 3.51 分，属于认知属性大类"记忆"；"实施"得分最低，为 2.94 分，属于认知属性大类"应用"。详见表 6-11，图 6-1。

表 6-11　考生认知技能得分统计

认知属性大类	认知技能	N	最小值	最大值	平均值	标准差
记忆	识别	400	1	5	3.51	1.37
记忆	回忆	400	1	5	3.38	5.58
理解	解释	400	1	4.83	3.27	6.43
理解	举例	400	1	5	3.12	1.16
理解	总结	400	1	5	3.12	1.16
理解	推断	400	1	5	3.32	2.42
理解	比较	400	1	5	3.12	1.16
理解	说明	400	1	5	3.09	2.07

续表

认知属性大类	认知技能	N	最小值	最大值	平均值	标准差
应用	实施	400	1	4.75	2.94	4.48
分析	区别	400	1	5	3.28	2.19
	组织	400	1	4.8	3.14	5.31
评价	评论	400	1	4.67	2.96	3.31
创造	计划	400	1	5	2.53	1.07
	生成	400	1	4.5	2.88	2.25

2. 不同语言水平组考生的认知技能得分

（1）高水平组考生认知技能平均分为4.03，掌握水平较好；中等水平组考生认知技能平均分为2.85，掌握水平接近中等；低水平组考生认知技能平均分为1.56，掌握水平较差。

（2）高水平组考生得分最高的认知技能是"识别"，得分为4.61分，属于认知属性大类"记忆"；其次是认知技能"推断"和"回忆"，得分为4.33分和4.32分，分别属于认知属性大类"理解"和"记忆"。得分最低的认知技能是"计划"，为3.37分，属于认知属性大类"创造"；"生成"和"评论"两项认知技能得分也较低，为3.77分和3.86分，分别属于认知属性大类"创造"和"评价"。

（3）中等水平组考生得分最高的认知技能是"识别"，为3.16分，属于认知属性大类"记忆"；其次是认知技能"回忆"和"区别"，为3.14分和3.07分，分别属于认知属性大类"记忆"和"分析"。得分最低的认知技能是"计划"，为2.28分，属于认知属性大类"创造"；"实施"和"生成"两项认知技能得分也较低，为2.66分和2.72分，分别属于认知属性大类"应用"和"创造"。

（4）低水平组得分最高的认知技能是"区别"，为1.87分，属于认知属性大类"分析"；其次是认知技能"回忆"和"解释"，为1.77

分和 1.72 分，分别属于认知属性大类"记忆"和"理解"。得分最低的认知技能是"计划"，为 1.11 分，属于认知属性大类"创造"；"生成"和"实施"两项认知技能得分也很低，为 1.25 分和 1.33 分，分别属于认知属性大类"创造"和"应用"，详见表 6-12。

表 6-12　不同语言水平组考生认知技能得分

认知属性大类	认知技能	高水平组 平均值	高水平组 标准差	高水平组 最小值	高水平组 最大值	中等水平组 平均值	中等水平组 标准差	中等水平组 最小值	中等水平组 最大值	低水平组 平均值	低水平组 标准差	低水平组 最小值	低水平组 最大值
记忆	识别	4.61	0.49	4	5	3.16	0.83	2	5	1.68	0.65	1	3
	回忆	4.32	1.63	3.4	5	3.14	2.44	2.2	4.2	1.77	1.74	1	2.6
理解	解释	4.15	1.96	3.17	4.83	3.05	3.11	2	4.17	1.72	1.88	1	2.67
	举例	4.05	0.49	3	5	2.80	0.67	2	4	1.60	0.55	1	3
	总结	4.05	0.49	3	5	2.80	0.67	2	4	1.60	0.55	1	3
	推断	4.33	0.72	3.5	5	2.98	1.29	2	4.5	1.64	0.92	1	2.5
	比较	4.05	0.49	3	5	2.80	0.67	2	4	1.60	0.55	1	3
	说明	3.91	0.79	3	5	2.88	1.18	1.5	4.5	1.67	0.87	1	3
应用	实施	3.89	1.38	2.75	4.75	2.66	1.87	1.75	3.5	1.33	1.17	1	2.5
分析	区别	4.10	0.93	3	5	3.07	1.51	1	5	1.87	1.28	1	3
	组织	4.02	1.61	3.2	4.8	2.87	2.83	1.4	4.4	1.66	2.13	1	2.8
评价	评论	3.86	1.05	2.67	4.67	2.74	1.69	1.67	3.67	1.37	0.92	1	2.33
创造	计划	3.37	0.53	2	5	2.28	0.65	1	3	1.11	0.35	1	3
	生成	3.77	0.82	2.5	4.5	2.72	1.22	1.5	3.5	1.25	0.64	1	2

四、研究结论及讨论

1. 考生认知技能表现的总体特点

（1）本次写作测试中考生表现出的认知技能中等偏上，考生的认知技能表现符合理论预设。考生在认知技能"识别""回忆"和"推断"上得分较高，在认知技能"计划""生成"和"评论"上得分较低。这些认知技能分属于不同的认知属性大类，即考生在"记忆""理解"等低阶认知技能上表现较好，在"创造""评价"等高阶认知技能上表现较差，见图6-1。布鲁姆教育目标分类学（2001版）认为，认知属性大类之间存在复杂度的差异，从"记忆"到"创造"，复杂度逐渐增加。随着大类复杂度的上升，考生的认知技能得分呈现波动下降的趋势，这与布鲁姆教育目标分类学（2001版）的预设基本一致。"识别"和"回忆"都是认知属性大类"记忆"中的思维技能，在认知属性大类中的层级最低，涉及在长时记忆中查找、辨认并提取相关知识。"推断"是认知属性大类"理解"中的一项认知技能，义同"断定""外推""内推""预测"等，涉及从所呈现的信息中推断合理的结论。写作活动建立在对写作知识的回忆以及对题干要求的理解之上，否则就难以顺利开展。该测试中考生能够通过题干识别出这是一篇常规的话题作文，侧重于议论，紧接着从记忆中查找并提取议论文的写作范式和词汇、语法知识等，以议论文的形式展开说理论证，并且考生基本能够使用正确的词汇搭配和恰当的句式完成观点的表达。此外，考生能够根据所给材料"推断"出作文的核心写作对象为"网络"和"读书"，始终围绕"网络"与"读书"进行论述。所以，考生在"识别""回忆"和"推断"认知技能上表现较好。在写作过程中，"计划"是指为了完成某一表达任务而设计程序，主要体现在"修辞方法"这一写作技能上。"修辞方法"是对语言的巧妙加工和运用，需要考生具备一定的语言功底和文学素养，对于考生的写作能力和思维能力都有更高的要求。该测试中考生使用的修辞方法普遍单一，并且修辞比较雷同，缺少新意，如把网络比喻成一把"双刃剑"，反映出考生的思维不够开阔，想象联想能力不足，"计划"认知技能有待进一步加强。"生成"义同"建构"，在写作中体现为考生执行写作方案来解决或满足写作任务。考生需要创造出符合要求的新作品，它是超越基本理解的深层思维活动，主要靠创造性思维发挥作用。"评论"义同"判断"，是考生基于规定的或自己建立的准则、标准对事物或现象进行判断，从而做出最恰当的选择，也是批判性思维的核心。在写作中，"生成"和"评论"认知技能主要在"立意"写作技能中得到体现。该测试中考生的作文立意比较常规，不够新颖和深刻，甚至出现了偏差，难以体现考生较强的创造性思维水平。综上，作文的立意体现出考生在认知技能"生成"和"评论"认知技能上还存在较大欠缺。

（2）各项高阶认知技能表现差异大，发展更不均衡。在高阶认知技能中，表现最好的认知技能"区别"与表现最差的认知技能"计划"之间的差距为0.75分，低阶认知技能中，表现最好的"识别"与表现最差的"实施"之间的差距为0.57分。可见，高阶认知技能中的认知技能发展更不均衡。这是因为"计划"属于最高阶的认知属性大类"创造"，对于考生来说，认知难度最大，考生得分普遍偏低。而"区别"属于高阶认知技能的起始阶段"分析"中的一种，认知难度一般。尤其对于"层次划分"这一写作技能，大部分考生都具备分段分层的意识，无论具体的写作内容如何，基本都能有意识地划分出"开头—主体—结尾"三个作文层次，考生对这一写作技能掌握较好。因此，考生在"层次划分"写作技能上得分较高，拉高了认知技能"区别"的得分。所以，"计划"与"区别"之间的得分差异较大，造成考生在高阶认知技能上的不平衡表现。而低阶认知技能中，各认知技能的难度对考生来说都不算大，得分比较接近。因此，低阶认知技能之间差距较小，整体表现较为均衡。

（3）考生在认知技能"实施"上表现相对较差。考生认知技能得分总体上呈现认知属性大类上升逐渐下降的特点，低阶认知技能得分普遍高于高阶认知技能，但是在"实施"认知技能上出现了比较特殊的下降，与理论的难度预设似乎不太相符。"实施"是指考生选择和使用一个程序去完成不熟悉的写作任务，强调在新情境中运用所学知识，以解决实际问题的能力。根据写作技能与认知技能的对应关系，"实施"主要在"素材运用""修辞方法""词汇多样""句式多样"等写作技能中有所涉及，而考生在这几项写作技能上的得分普遍偏低，尤其是"素材运用"和"修辞方法"。许多考生选用的素材与主题的关联性不强，只是出现了关键词，但实质内容并不能很好地服务于论证的需要，这就导致素材与题目脱节，影响到作文的整体性。同时，考生对修辞方法的运用存在灵活性不足的问题。比如有些考生运用比喻句时，只是正确套用了比喻格式，实际上，本体和喻体之间的相似性却显非常牵强，说明考生难以将修辞程序熟练地应用于新的写作任务中。"实施"认知技能属于认知属性大类"应用"，于丽和连吉娥（2012）分析了少数民族地区学生的写作现状后也指出，少数民族地区学生写作最突出的问题是语言运用能力较差，具体体现为词汇总量不足、惯用句式运用能力不足、材料组织能力不强等。这与本研究的结果具有较高的一致性，说明少数民族地区学生的"应用"能力的确存在较大的不足，需要重点关注。

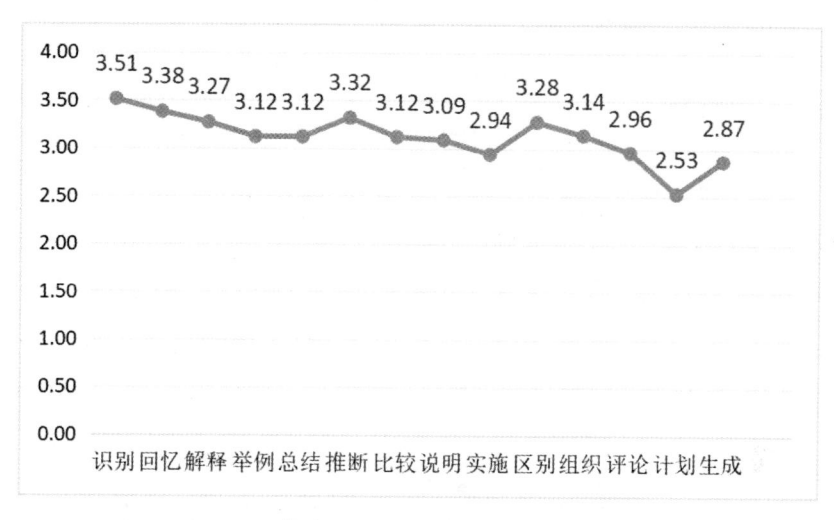

[图表：考生认知技能平均得分折线图，各数据点为 识别3.51、回忆3.38、解释3.27、举例3.12、总结3.12、推断3.32、比较3.12、说明3.09、实施2.94、区别3.28、组织3.14、评论2.96、计划2.53、生成2.87]

6-1　考生认知技能平均得分折线图

2. 不同语言水平组考生的认知技能表现的差异

（1）不同语言水平组考生认知技能得分差异大。对比三个语言水平组考生的认知技能表现，高水平组考生认知技能平均分为4.03分，掌握水平较好；中等水平组考生认知技能平均分为2.85分，掌握水平接近中等；低分组考生认知技能平均分为1.56分，掌握水平较差，见图6-2。三个语言水平组考生的认知技能表现差异很大。从高阶认知技能上看，高水平组考生平均分为4.15分，中等水平组考生平均分为2.92分，低水平组考生平均分为1.62分；从低阶认知技能上看，高水平组考生平均分为3.82分，中等水平组考生平均分为2.74分，低水平组考生平均分为1.45分，三组考生在低阶认知技能上的得分差异更大。得分差异最大的认知技能是识别，高水平组考生于低水平组考生的分差达到了2.93分，中等水平组与低水平组考生的分差也达到了1.48分；其次为推断，高水平与低水平组考生的分差为2.69分，中等水平组与低水平组考生的分差为1.34分；另外回忆、实施、计划几项认知技能高水平组考生与低水平组考生得分的差异也均超过了2.5分。

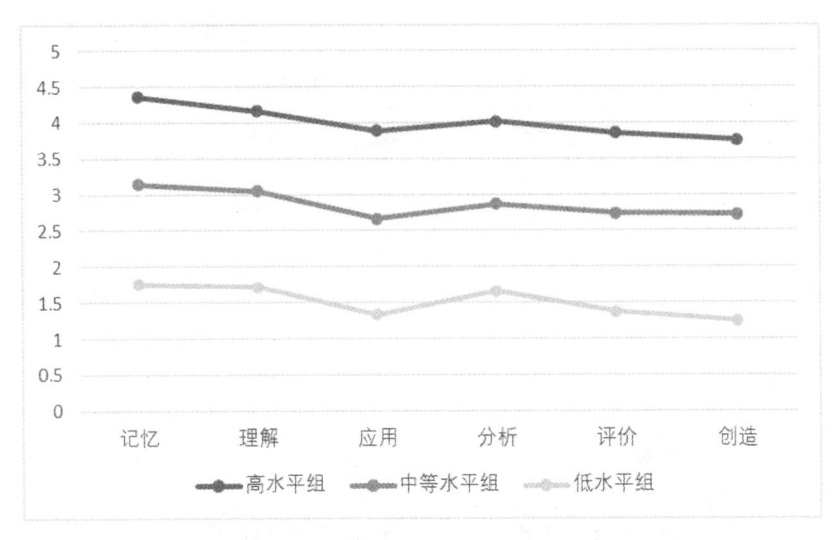

图 6-2　不同水平组考生认知技能平均得分折线图

（2）高水平组考生的优势认知技能与中、低水平组考生不同。除最基础的认知技能"识别""回忆"外，高水平组考生的优势认知技能为"推断"，中、低水平组考生的优势认知技能为"区别"。高水平组考生在"推断"认知技能上的得分为4.33，这是源于考生在"审题"上表现出的优势。本研究选取的作文材料涉及对两个对象的描述，但二者有主次之分，试题希望考生重点论述的是"读书"而不是"网络"。许多考生虽然围绕的是这两个对象进行写作，但没有读懂题目的真正考查意图，在写作中两者没有区分，重点模糊。而高水平组考生能够准确地推断出试题的考查意图，将网络时代作为写作背景，重点论述读书的好处和重要性，主次分明，重点突出。中、低等水平组考生是对于较简单的写作技能掌握比较好，比如"层次划分"。所以，两组考生在"区别"认知技能上表现较好。虽然中、低水平组考生的优势技能相近，但是掌握特点也有很大差别。中等水平组考生的写作能力处于中间水平，该水平组的考生对于基本的写作知识已经掌握得比较好，如词汇、语句的书写错误较少，表达基本清晰，但对更高级的写作技能的使用上还存在差距。低水平组考生写作水平普遍较差，大多数都难以完成给定的写作任务，内容不完整、错字病句连篇或是誊抄题干，给写作技能的标定评分造成很大的困难，难以获得完全有效的写作信息，所以对认知技能进行统计分析时会存在一定的偏差。"回忆"与"解释"都在词汇和语句相关的写作技能中涉及较多。"回忆"指考生对词汇、句法等知识的提取，"解释"是指考生使用词汇、语句完成对事物的描述，对意义的阐释等。组词成句作为写作的基本功，是低水平组考生练习最多、最熟悉的写作技能，因此，他们基本都掌握了一定的词汇量和语法知识，能够通过知识的提取进行正确的书写和表达，相较于其他认知技能表现更好。

五、教学建议

本研究探索了写作测试的考生认知技能表现分析。研究结果符合布鲁姆教育目标分类学（2001版）的预设，证明了本研究的合理性。基于分析结果，从思维能力提升的角度为少数民族地区写作教学提出以下几项改进建议。

（1）强化高阶思维训练，塑造创造类的认知技能。掌握高阶认知技能是考生适应新经济发展的必备能力之一，培养高阶认知技能也成为当今各国教育改革的共同追求（赵永生等，2019）。相较于低阶认知技能，考生在高阶认知技能上，特别是"计划"和"生成"两项创造性认知技能得分最低。鉴于此，针对少数民族地区写作教学，应着重强化学生高阶认知技能的培养，尤其是"计划"和"生成"等较为薄弱的创造性认知技能。创造性思维的核心是发散思维（Guilford, 1986），思维沿着不同的方向扩展，产生多种可能的答案而不是唯一答案，因而容易产生有创新性的思想或观念。培养发散性思维一方面要为学生创造具备发散空间的写作条件。首先要精选新颖且开放的写作主题。这些主题应紧贴时代脉搏或学生生活，激发其探索兴趣与深度思考。同时，确保题目设置中立，给予学生广阔的自由表达空间，鼓励多视角、多维度的思考，打破思维定势，催生新颖见解。此外，引入思辨性议题，促使学生以理性、批判性的眼光审视问题，深化思维层次，拓宽思维边界。另一方面，在教学形式上，倡导日常化的思维训练，如"头脑风暴"活动。"头脑风暴"通过无拘无束的自由联想和讨论，能够产生新观念和激发创新设想，有效提升学生的发散思维能力（方玉勇，2016）。此类活动可围绕特定主题展开，鼓励学生自由畅想，搜集素材，整理思路，为写作打下坚实基础。想象也是一种创造性思维。杜克俭（1999）提出可以通过"假若法"的命题形式来培养学生的想象能力，如"假设我是某某"等，针对B测试作文的文体特点，我们可以让学生就某一情境进行角色扮演，或者就某一话题分成观点不同的派别展开辩论，引导学生变换思考角度，拓宽思路。此外，引入思维训练游戏，如词语扩展接龙，教师指定关键词，让学生据此进行自由联想，将关键词串联成具有故事情节的一段话，不仅增强课堂的趣味性，还能有效提升学生的思维敏捷性与联想能力。

（2）识别学生特点，设计个性化的教学方案。鉴于学生群体在认知技能表现上的多样性，统一的写作教学策略难以全面满足各层次学生的需求，限制了整体写作能力的提升，因此，必须注重个性化的写作教学。低水平组考生在各项认知技能上的表现都相对较差，但是我们不能忽略这部分学生的写作诉求，要正视他们的提升潜力，充分尊重学情和认知发展规律，采取循序渐进的教学方法，由易入难，从低阶到高阶进行写作训练。写作是一种需要具备语言能力、思维能力和表达能力的综合性活动，但对水平较低的学习者来说，培养语言能力是第一位的（张慧，2013）。因此，对于低水平组学生，首要的是筑牢写作的基本功，否则一切都是无源之水、无本之木。要加强与"记忆""理解"等基础思维能力相关的写作练习，如词汇搭配、语法准确性、句子和语段的练习，选择单一主题以降低思维难度，逐步培养其写作自信，随着基础稳固，再逐步增加对"计划""生成""实施"等高阶认知技能的训练。中等水平组考生与高水平组考生在认知技能上的差异较小，表明二者之间没有不可逾越的能力鸿沟，因此，要抓住中等水平组这部分关键学生，对这部分学生进行针对性的认知技能训练，对提高学生整体的写作能力、思维能力效果会更为显著。中等水平组考生在各项认知技能上发展最不均衡，在"实施"认知技能上表现较差。对这部分学生可以加强素材运用方面的精细化反馈与指导，为学生指出在素材选择、组织或搭配上存在的具体问题，帮助学生提升迁移应用能力。至于高水平组考生，鉴于其低阶认知技能掌握较好，写作基础扎实，教学重心应转向高阶认知技能的培养，尤其是"生成"和"评论"认知技能。鉴赏性写作的关键是要有自己独特的、深刻的发现和见解，需要学生进行分析、评价、创造等层面的深度阅读和高阶认知技能（荣维东，2020）。高水平学生的文本解读和写作能力都达到了一定的水平，可以通过鉴赏性写作练习，实现写作能力的拔高。教师可以引导学生深入地研读文本，阐释作品的主题、情感、故事情节等，并对作品中的人物、思想做出自己的评价和判断，说明"是什么、为什么、怎么样"。学生在对文学作品的鉴赏评论中，能够挖掘文学作品的思想价值，获得作文立意的思路灵感，提升作文立意的深度和高度。同时，引导学生学习优秀文学作品的语言艺术，借鉴修辞手法，通过对比鉴赏拓宽视野，丰富评价视角，进一步提升写作深度与广度。

第七章
研究不足与研究展望

一、本研究的不足之处

（1）测试常模的样本不足。为了构建 CCHA 常模，2023 年 5 月至 2024 年 5 月，课题组在全国范围内的 13 所高校开展了 CCHA 的测试工作。测试以免费、学生自愿参加的形式进行。虽然课题组充分宣传了 CCHA 测试的作用，还采用了与一些参加教改项目教师合作的方式推行 CCHA，但大学生的测试参与率仍然很低，很多院校的有效参与人数不足 1000 人，总体样本数量不十分充足。而且，样本分布也不够均衡，在参与院校中经常出现某一学院配合度高参与的学生就比较多，而其他一些学院参与人数很少，一所高校的有效样本仅仅来自几个学院的情况。虽然课题组通过严格数据清洗等方法提高样本的有效性，最后选取的高校样本总体在性别、学科、年级上的分布相对合理，但在样本获取中没有采用分年级和分专业大类的随机抽样，会在一定程度上影响测试常模和等级标准的准确性。未来本研究将进一步扩大

CCHA 的测试范围，增加 CCHA 的测试方式，积累更多、更有代表性的样本数据，进而构建更精准的测试常模和等级标准。

（2）大学生的高阶思维能力水平可能被低估。中国大学生高阶思维能力测试是一项低利害测试，测试的成绩对考生的学业表现没有直接的影响，因此考生在参加这项测试时，考试的动机比较弱，很多考生可能不会全力回答测试的问题，这就影响了测试成绩的准确性。虽然本研究采用了比较严格的数据清洗方案，测试中也加入了测谎题，筛选掉了一些无效数据，但是仍然不能全面解决考生的动机问题。因此课题组基于 CCHA 测试成绩开展的中国大学生高阶思维能力发展研究，可能在一定程度上低估了学生水平。考生动机问题也是当前各类大学生学习成果测试面临的共同问题。

（3）测试试题的认知属性分析主观性过强。在基于学科测试的考生认知技能分析研究中，无论是客观性测试研究还是主观性测试研究，都需要对测试试题或考生作文进行认知属性分析。本研究采用专家法，通过布鲁姆教育目标分类学（2001 版）完成认知技能的标注。虽然使用了多轮调查的方式，但这一过程的主观性仍然很强。认知属性的准确标注是考生认知技能表现分析的基础。提高认知属性分析的客观性是基于学科测试的考生认知技能分析科学性的保证。在后续研究中，可以考虑在专家法的基础上增加学生答题过程的有声思维分析，提高试题认知属性分析的透明度和客观性，使测试诊断评价的准确性更有保证。

二、研究展望

高阶思维能力测试是大学生学习成果测试的重要组成部分，应用场景广泛。国际上对大学生学习成果测试的研究可以追溯至 19 世纪七八十年代。在研发之初，大学生学习成果测试的成绩主要用做证明高等学校教育成效的证据。近年来，由于这种评价方式能从输出的角度，以量化的结果证明高等教育的质量，所以它得到了很多国家、高等教育认证和评估机构、高等学校的认可。随着这类测试的广泛应用，特别是社会各界对学生高阶思维能力培养关注度的提高，其用途必将进一步扩展，大学生学习成果测试已经不再只是为了满足外部问责要求而进行，测试结果被越来越多地用于教改项目的评估、课程效果的评价、学生个人学习辅助、诊断等内部需求。因此，CCHA 未来将有更为广泛的应用场景。

大学生学习成果测试功能的扩展对测试研发的专业性提出了更高的要求。这不仅仅要求这类测试具有良好的质量，更要求这类测试能通过现代教育测量技术建立起一个完整的标准化测试体系，从而为教学、评价提供更为准确、丰富的信息。本研究的目标正是建立这样一个完备的大学生高阶思维能力测试体系，这套体系包含多套平行试卷，支持团体、个人等不同测试主体的多次、反复测量；包含多种实施方案，满足不同高校、不同场景的测量；包含试卷间的等值方案，支持不同试卷间考试成绩的直接对比；包含增值计算方案，支持考生增值成绩的直接和间接计算等。

近年来，国际上以大学生学习成果为导向的思维测试发展较快，而我国学界对此的实践研究较少。究其原因，一方面在于测试工具的开发不够，一方面也受限于测试方式。传统线下闭卷的测验方式需要场地、监考人员等诸多准备，组织难度较大。但是近年来线上教学模式的推广，为解决这一问题带来了契机。当前我国大学生对于线上教学模式非常熟悉，对于线上测试也习以为常，线上测试不限制考生的答题场所和时间，组织测试变得非常方便，还可以有效地降低测试成本。另外，以计算机自适应测试为代表的新型测试也为解决学生测试动机等问题提供了新思路。计算机自适应测试可以根据考生的能力自选题目，大大缩减测试长度，提高被试的兴趣，并对被试的测试动机的强弱做出判断。因此，线上、开放性测试是未来大学生学习成果测试的新发展方向，CCHA 未来的发展目标也是构建起这种基于线上的、自适应测试系统。

目前，我国学者对于大学生高阶思维能力发展的研究相对较少。一方面，分学段来看，虽然从小学到大学，各学段的教育目标都强调了学生高阶思维能力的培养，但是高阶思维能力并没有列入任何一个学段的主要测试中。学校、教师对学生高阶思维能力培养关注不足；另一方面，本土化的、成熟的高阶思维能力测试的缺乏也限制了大学生高阶思维能力发展研究的展开。目前国内学界此领域的研究多采用思辨研究的模式，特别是对于教学法的讨论，多基于教师经验的积累。现有的实证研究，很多也基于问卷调查的数据，研究的精度不高。近年，人工智能迅速发展，大众、高等教育的各个利益相关者对大学生综合能力，特别是高阶思维能力培养水平的关注度迅速上升，学界对大学生高阶思维能力发展的研究也在快速增加。CCHA 等大学生学习成果测试体系的研发与成熟也将进一步助力这一领域研究的展开。我国的大学生高阶思维能力发展研究将进一步扩展与深化，构成具有本土特色的研究体系，指导我国高等院校大学生高阶思维能力培养实践。

参考文献

[1] ABET. What Programs Does ABET Accredit?. Retrieved February 11, 2009, from http://www.abet.org/accreditation/new-to-accreditation/what-programs-does-abet-accredit/

[2] Alderson, J. C. 2005. Diagnosing Foreign Language Proficiency: The Interface between Learning and Assessment[M]. London: Continuum International Publishing Group Ltd.

[3] Allen, M., Berkowitz, S., Hunt, S., & Louden, A. 1999. A meta-analysis of the impact of forensics and communication education on critical thinking[J]. Communication Education, 48(1), 18-30.

[4] Anderson, L., Krathwohl, D., Airasian, P., Cruikshank, K., Mayer, R., Pintrich, P., Raths, J., & Wittrock, M. 2001. A taxonomy for learning, teaching, and assessing: A revision of Bloom's Taxonomy of educational objectives[M]. NY: Longman.

[5] Assaly, I. R., & Smadi, O. M. 2015. Using Bloom's Taxonomy to Evaluate the Cognitive Levels of Master Class Textbook's Questions[J]. English Language Teaching, 8(5), 100-110.

[6] Astin A. W. (1999). Student Involvement: A Developmental Theory for Higher Education. Journal of College Student Development, 40(5), 518-529.

[7] Astin A. W. (2012). Assessment for excellence: The philosophy and practice of assessment and evaluation in higher education. Rowman & Littlefield Publishers.

[8] Atkinson, D. (1997). A critical approach to critical thinking in TESOL. TESOL quarterly, 31(1), 71-94.

[9] Baghaei, S., Bagheri, M. S., & Yamini, M. (2020). Analysis of IELTS and TOEFL reading and listening tests in terms of Revised Bloom's Taxonomy. Cogent Education, 7(1), 1720939.

[10] Bayaydah, A. M., & Altwissi, A. I. (2020). A Bloom's Taxonomy-Based Analaysis of 9th and 10th Grades English Language Textbooks' Final Examinations and Revision Questions. International Online Journal of Primary Education, 9(2), 197-211.

[11] Belarbi, F. M., & Bensafa, A. (2020). An Evaluation of the Algerian EFL Baccalaureate Exam under the Cognitive Domains of Bloom's Taxonomy. Arab World English Journal, 11(4), 534-546.

[12] Bernhardt E. (2005). Progress and procrastination in second language reading. Annual review of applied linguistics, 25, 133-150.

[13] Bichi, A. A. & Talib, R. (2018). Item Response Theory: An Introduction to Latent Trait Models to Test and Item Development. International Journal of Evaluation and Research in Education, 7(2), 142-151.

[14] Biggs, J. (2003). Teaching for quality learning at university: What the student does. McGraw-Hill Education.

[15] Brown, A., Iwashita, N., & McNamara, T. (2005). An examination of rater orientations and test-taker performance on English-for-academic-purposes speaking tasks. ETS Research Report Series, 2005(1), i-157.

[16] Buck, G., & Tatsuoka, K. (1998). Application of the rule-space procedure to language testing: Examining attributes of a free response listening test. Language testing, 15(2), 119-157.

[17] Butler, H. A. (2012). Halpern Critical Thinking Assessment predicts real - world outcomes of critical thinking. Applied Cognitive Psychology, 26(5), 721-729.

[18] De La Torre, J., & Douglas, J. A. (2008). Model evaluation and multiple strategies in cognitive diagnosis: An analysis of fraction subtraction data. Psychometrika, 73, 595-624.

[19] Dewey, J. (1910). How We Think. Boston: DC Heath.

[20] Diseth, Å. (2007). Approaches to learning, course experience and examination grade among undergraduate psychology students: Testing of mediator effects and construct validity. Studies in Higher Education, 32(3), 373-388.

[21] Drasgow, F., Levine, M. V., & Williams, E. A. (1985). Appropriateness measurement with polychotomous item response models and standardized indices. British Journal of Mathematical and statistical psychology, 38(1), 67-86.

[22] Effatpanah, F. (2019). Application of Cognitive Diagnostic Models to the Listening Section of the International English Language

Testing System (IELTS). International Journal of Language Testing, 9(1), 1-28.

[23] Ennis, R. H. (1985). A logical basis for measuring critical thinking skills. Educational leadership, 43(2), 44-48.

[24] Ewell, P. T. (2002). An emerging scholarship: a brief history of assessment (pp. 1-50, 112-156). San Francisco: Jossey-Bass.

[25] Facione, P. A. (1990). Critical Thinking: A Statement of Expert Consensus for Purposes of Educational Assessment and Instruction. Research Findings and Recommendations.

[26] Fodor, J. A. (1975). The language of thought. Cambridge, MA: Harvard university press.

[27] Fredricks, J. A., Blumenfeld, P. C., & Paris, A. H. (2004). School engagement: Potential of the concept, state of the evidence. Review of educational research, 74(1), 59-109.

[28] Gellin, A. (2003). The effect of undergraduate student involvement on critical thinking: A meta-analysis of the literature 1991-2000. Journal of college student development, 44(6), 746-762.

[29] Guilford, J. P. (1986). Creative talents: Their nature, uses and development. Bearly limited.

[30] Hattie, J. (2008). Visible learning: A synthesis of over 800 meta-analyses relating to achievement. routledge.

[31] Heaton, J. B. (1988). Writing English language tests. New York, NY: Longman.

[32] Hopson, M. H., Simms, R. L., & Knezek, G. A. (2001). Using a technology-enriched environment to improve higher-order thinking skills. Journal of Research on Technology in education, 34(2), 109-119.

[33] Hu, L. T., & Bentler, P. M. (1999). Cutoff criteria for fit indexes in covariance structure analysis: Conventional criteria versus new alternatives. Structural equation modeling: a multidisciplinary journal, 6(1), 1-55.

[34] Jang, E. E. (2005). A validity narrative: Effects of reading skills diagnosis on teaching and learning in the context of NG TOEFL. University of Illinois at Urbana-Champaign.

[35] Johnson, D. W., & Johnson, R. T. (2014). Cooperative Learning in 21st Century. Anales de Psicología, 30(3), 841-851.

[36] Kahu, E. R. (2013). Framing student engagement in higher education. Studies in higher education, 38(5), 758-773.

[37] Kellogg, R. T. (1999). The psychology of writing. Oxford University Press.

[38] Kim, Y. H. (2011). Diagnosing EAP writing ability using the reduced reparameterized unified model. Language Testing, 28(4), 509-541.

[39] Klein, S., Freedman, D., Shavelson, R., & Bolus, R. (2008). Assessing school effectiveness. Evaluation Review, 32(6), 511-525.

[40] Köksal, D., & Ulum, Ö. G. (2018). Language assessment through Bloom's Taxonomy. Journal of language and linguistic studies, 14(2), 76-88.

[41] Kuh, G. (1991). Involving Colleges: Successful Approaches to Fostering Student Learning and Development outside the Classroom. Jossey-Bass Publishers, 350 Sansome Street, San Francisco, CA 94104.

[42] Kuh, G. D. (1995). The other curriculum: Out-of-class

experiences associated with student learning and personal development. The Journal of Higher Education, 66(2), 123-155.

[43] Kuh, G. D. (2008). High-impact educational practices: What they are, who has access to them, and why they matter. AAC&U.

[44] Kuh, G. D. (2009). The national survey of student engagement: Conceptual and empirical foundations. New directions for institutional research, 141, 5-20.

[45] Kwan, Y. W., & Wong, A. F. (2015). Effects of the constructivist learning environment on students' critical thinking ability: Cognitive and motivational variables as mediators. International Journal of Educational Research, 70, 68-79.

[46] Lemke, C., Coughlin, E., Thadani, V., & Martin, C. (2003). Engauge 21st century skills: Literacy in the digital age. USA: North central regional educational laboratory.

[47] Lewis, A., & Smith, D. (1993). Defining higher order thinking. Theory into practice, 32(3), 131-137.

[48] Lewis, A., & Smith, D. (1993). Defining higher order thinking. Theory into practice, 32(3), 131-137.

[49] Lu, K., Pang, F., & Shadiev, R. (2021). Understanding the mediating effect of learning approach between learning factors and higher order thinking skills in collaborative inquiry-based learning. Educational Technology Research and Development, 69(5), 2475-2492.

[50] Lu, R., & Guo, H. (2018). A simulation study to compare nonequivalent groups with anchor test equating and pseudo-equivalent group linking. ETS Research Report Series, 2018(1), 1-16.

[51] Maydeu-Olivares, A., & Cai, L. (2006). A cautionary note on using G2 (dif) to assess relative model fit in categorical data analysis. Multivariate Behavioral Research, 41(1), 55-64.

[52] Muhayimana, T., Kwizera, L., & Nyirahabimana, M. R. (2022). Using Bloom's taxonomy to evaluate the cognitive levels of Primary Leaving English Exam questions in Rwandan schools. Curriculum Perspectives, 42(1), 51-63.

[53] Mustika, N., Nurkamto, J., & Suparno, S. (2020). Influence of Questioning Techniques in EFL Classes on Developing Students' Critical Thinking Skills. International Online Journal of Education and Teaching, 7(1), 278-287.

[54] Oliveri, M. E., & von Davier, M. (2011). Investigation of model fit and score scale comparability in international assessments. Psychological Test and Assessment Modeling, 53(3), 315-333.

[55] Pace, C. R. (1982). Achievement and the quality of student effort. Eric reports.

[56] Pascarella, E. T. (1985). College environmental influences on learning and cognitive development: A critical review and synthesis. Higher education: Handbook of theory and research, 1(1), 1-61.

[57] Pascarella, E. T., Bohr, L., Nora, A., & Terenzini, P. T. (1996). Is differential exposure to college linked to the development of critical thinking?. Research in Higher Education, 37, 159-174.

[58] Ramos, J. L. S., Dolipas, B. B., & Villamor, B. B. (2013). Higher order thinking skills and academic performance in physics of college students: A regression analysis. International Journal of Innovative Interdisciplinary Research, 4(1), 48-60.

[59] Sawaki, Y., Kim, H. J., & Gentile, C. (2009). Q-matrix construction: Defining the link between constructs and test items in large-scale reading and listening comprehension assessments. Language Assessment Quarterly, 6(3), 190–209.

[60] Schaufeli, W. B., Martinez, I. M., Pinto, A. M., Salanova, M., & Bakker, A. B. (2002). Burnout and engagement in university students: A cross-national study. Journal of cross-cultural psychology, 33(5), 464–481.

[61] Shavelson R J. (2009) Measuring college learning responsibly. California: Stanford University Press

[62] Stapleton, P. (2001). Assessing critical thinking in the writing of Japanese university students: Insights about assumptions and content familiarity. Written communication, 18(4), 506–548.

[63] Toprak, T. E., & Cakir, A. (2021). Examining the L2 reading comprehension ability of adult ELLs: Developing a diagnostic test within the cognitive diagnostic assessment framework. Language Testing, 38(1), 106–131.

[64] Tyler, R. W. (1935). Evaluation: A challenge to progressive education. Educational Research Bulletin, 9–16.

[65] Weir, C., & Khalifa, H. (2008). A cognitive processing approach towards defining reading comprehension. Cambridge ESOL: Research Notes, 31, 2–10.

[66] Yadav, A., et al. (2011). Case-Based Learning: Instructional Strategies for Developing Critical Thinking. Journal of STEM Education, 12(1), 12–18.

[67] Zusho, A. (2017). Toward an integrated model of student learning in the college classroom. Educational Psychology Review, 29, 301–324.

[68] Kolen, M. J., & Brennan, R. L., 2020. 测验等值、量表制定和联结的方法和实践(第三版)[M].(刘育明译). 上海：上海外语教育出版社.

[69] Reynolds, C. R., Livingston, R. B., & Willson, V., 2015. 教育测量与评估[M]. 霍黎, 霍舟, 译. 北京：科学出版社.

[70] 蔡艳, 涂冬波, 2015. 属性多级化的认知诊断模型拓展及其Q矩阵设计[J]. 心理学报(10)：1300-1308.

[71] 曹群珍, 2021. 中考英语书面表达题对语言能力和思维品质的考查分析及其启示——以2021年浙江省各地市中考英语书面表达题为例[J]. 教学月刊·中学版(外语教学)(09)：30-34.

[72] 陈慧麟, 陈劲松, 2013. G-DINA认知诊断模型在语言测验中的验证[J]. 心理科学(06)：1470-1475.

[73] 陈金燕, 2023. 智慧学习环境下教学活动促进学生高阶思维发展研究[J]. 北京：北京邮电大学.

[74] 陈璐欣, 王佶旻. (2016). 汉语阅读理解测验的认知诊断研究——以中国政府奖学金本科来华留学生预科教育汉语综合统一考试为例. 中国考试(02), 23-34.

[75] 陈勇, 彭安臣, 洪巧红. (2010) 基于学习性投入理论的军校学情自我诊断. 高等教育研究学报(02)：26-28+32.

[76] 程星, 魏署光. (2008). 市场竞争中的高校评估及其范式的更新. 高等教育研究(09), 33-43.

[77] 杜克俭. (1999). 写作训练中的思维能力培养. 中国高教研究(02), 64.

[78] 杜文博, 马晓梅. (2021). 基于混合认知诊断模型的二语阅读技能内在关系探究. 外语教学(01), 47-52.

[79] 范婷婷, 曾用强. (2019). 基于中国英语能力等级量表的阅读能力诊断模型研究. 中国外语(03), 21-31.

[80] 方玉勇.（2016）.英语教学中的高阶思维能力培养.教育研究与评论（中学教育教学）(08),68-72.

[81] 高霄,文秋芳.（2017）.思辨能力及语言因素对二语写作影响的研究.外语教学理论与实践(04),44-50.

[82] 苟斐斐,周信杉.（2024）.非课堂经历对大学生能力发展的影响研究——基于313所高校学生的证据.中国高教研究(05),38-45.

[83] 韩宝成,张允.（2015）.高考英语测试目标和内容设置框架探讨.外语教学与研究(03),426-436.

[84] 候改改.（2019）.高中生写作思维训练策略研究（硕士学位论文），上海师范大学.

[85] 金倩.（2022）.基于学习通平台大学英语课程体系数字化教学资源共建共享的研究与实践.海外英语(23),123-125.

[86] 荆洪光.（2009）.用布鲁姆教育目标分类理论分析我国高中英语教材中的思维训练设计.科技信息(10),476-479.

[87] 柯清超,吕晓红.（2018）.信息时代的项目式学习：课堂教学的重构与超越.中小学数字化教学(03),7-9.

[88] 黎光明.（2019）.心理测量（pp.98-116）.北京：清华大学出版社.

[89] 李莉文,李养龙.（2013）.高考英语写作试题研究及其改革路径探索——基于布鲁姆-安德森认知能力模型的探析.天津外国语大学学报(01),55-62.

[90] 李明秋.（2014）.认知分层理论视域下思辨能力培养研究——以外语技能课程为例.辽宁师范大学学报（社会科学版）(03),382-386.

[91] 李胜胜.（2023）.喀什地区少数民族学生使用国家通用语言现状的调查分析.文化创新比较研究(22),46-52.

[92] 李锡江,刘永兵.(2014).语言类型学视野下语言、思维与文化关系新探.东北师大学报(哲学社会科学版)(04),148-152.

[93] 李雄鹰,秦晓晴.(2019)."拔尖计划"学生学习性投入与学习收获的关系研究——兼论大学生深度学习的推进.江苏高教(12),102-108.

[94] 李养龙,李莉文.(2013).高考英语科阅读能力测试与思辨能力培养——基于布鲁姆认知能力分层理论的探讨.山东外语教学(02),56-61.

[95] 列夫·维果茨基.(2010).思维与语言.北京:北京大学出版社.

[96] 凌静虹.(2022).高中英语写作教学中思维品质培养现状调查(硕士学位论文),华东师范大学.

[97] 刘科.(2020).布鲁姆目标分类视角下高考英语阅读理解题思维能力层次分析:以2019年高考试卷为例.考试研究(03),67-73.

[98] 卢慧珍.(2023).布鲁姆认知目标分类在英语学科思维品质评价中的应用及意义探究.校园英语(06),91-93.

[99] 卢丽虹,田夕伟.(2007).大学英语教学中批判性思维的培养.中国成人教育(02),174-175.

[100] 罗伯特·F.德维利斯.(2010).量表的编制:理论和应用(pp.26-69)(魏勇刚,席仲恩,龙长权译).重庆:重庆大学出版社.

[101] 马利红.(2021).外语写作思辨能力评价指标构建——一项基于德尔菲法的研究.语言教育(02),23-27.

[102] 马晓梅,杜文博.(2022).基于《量表》的英语阅读推理能力认知诊断模型构建与成绩报告.中国考试(12),1-9.

[103] 马晓梅,刘慧,谭焱丹.(2022).英语写作认知诊断反馈报告有效性研究.西安外国语大学学报(04),40-45.

[104] 马彦利,胡寿平,崔立敏.(2012).当今美国高等教育质量评估的焦点:学生学习成果评估.复旦教育论坛(04),78-84.

[105] 梅红,司如雨,王娟.(2018).大学生多样性经历与批判性思维倾向的关系研究.东北大学学报(社会科学版)(04),412-418.

[106] 美国中部州高等教育委员会.(2013).美国高等教育质量认证与评估(pp.9-11)(谢笑珍译).北京:北京大学出版社.

[107] 闵尚超,熊笠地.(2019).基于认知诊断评估的听力理解互补性机制探究.现代外语(02),254-266.

[108] 彭恒利.(2015).民族汉考(MHK)与教育测量理论应用研究.北京:北京语言大学出版社.

[109] 漆书青,戴海琦,丁树良.(2002).现代教育与心理测量原理(pp.201-225).北京:高等教育出版社.

[110] 乔爱玲.(2020).学习风格对大学生批判性思维发展的影响研究——基于在线教学环境的实证研究.现代远距离教育(05),89-96.

[111] 荣维东.(2020).基于思维提升的鉴赏评论写作教学策略.中学语文教学(09),32-38.

[112] 申昌安,刘政良.(2011).浅谈高阶思维能力.才智(36),254.

[113] 沈之菲.(2011).提升学生创新素养的高阶思维教学.上海教育科研(09),35-38.

[114] 孙有中.(2015).外语教育与思辨能力培养.中国外语(02),1+23.

[115] 唐旭亭,郭卉.(2020).生师互动对大学生批判性思维能力增值的影响路径研究——基于"2016年全国本科生能力测评"调查.中国人民大学教育学刊(02),37-48.

[116] 田玉银.(2014).英语测试中思维能力的运用.学周刊(14),166.

[117] 涂东波,蔡艳,高旭亮,王大勋.(2019).高级认知诊断.北京:北京师范大学出版社.

[118] 汪雅霜.(2015).大学生学习投入度对学习收获影响的实证研究——基于多层线性模型的分析结果.国家教育行政学院学报(07),76-81.

[119] 王纾.(2011).研究型大学学生学习性投入对学习收获的影响机制研究——基于2009年"中国大学生学情调查"的数据分析.清华大学教育研究(04):24-32.

[120] 王可,张璟,林崇德.(2008).中学生写作(认知)能力的构成因素.心理科学(03),520-523+519.

[121] 王可.(2008).大学生写作认知能力及其培养.河南教育(高校版)(04),58-59.

[122] 王铁梅.(2013).二语写作过程中的认知思维研究——以泰州学院为例.连云港师范高等专科学校学报(04),63-66.

[123] 王伟.(2021).内地高校少数民族国家通用语言教学困境及对策.淮北职业技术学院学报(06),48-52.

[124] 王晓平,齐森,谢小庆.(2018).美国学校"成长测量"的7种主要方法.中国考试(06),21-27.

[125] 王校羽,黄永亮.(2023).我国外语专业学生批判性思维教学与测评研究二十年(1998—2022).山东外语教学(03),38-47.

[126] 卫灿金.(1994).语文思维培育学.北京:语文出版社.

[127] 温爱英.(2017).从语言能力和思维品质的考查看英语中考书面表达题的命制.中小学外语教学(中学篇)(11),42-48.

[128] 文秋芳,刘润清.(2006).从英语议论文分析大学生抽象思维特点.外国语(上海外国语大学学报)(02),49-58.

[129] 文秋芳,王建卿,赵彩然,等,2009.构建我国外语类大学生思辨能力量具的理论框架[J].外语界(01):37-43.

[130] 吴飞飞,佟雪峰.(2018).高阶思维取向下课堂提问的策略研究.教学与管理(09),93-95.

[131] 吴明隆.(2010).问卷统计分析实务——SPSS操作与应用(p.244).重庆:重庆大学出版社.

[132] 谢美华.(2014).初中生现代文阅读理解能力的认知诊断评估研究(博士学位论文),江西师范大学.

[133] 闫春芳.(2018).在情境作文教学中培养学生三大"力".中国教育学刊(S2),105-106.

[134] 严秀英,金东植,朴红华.(2023).朝鲜族中学生国家通用语言能力的调查与分析.延边大学学报(社会科学版)(03),79-87+142-143.

[135] 杨立剑,李留建,刘欣,等,2018.从认知角度浅析高考英语阅读理解对考生思维品质的考查及培养——以2017年高考(天津卷)英语试卷为例[J].考试研究(02):22-35.

[136] 杨莉芳.(2018).融合思辨能力与跨文化交流能力的语言测试任务设计——以"国际人才英语考试"为例.外语界(02),49-56.

[137] 杨旭.(2018).基于布鲁姆教育目标分类理论的高考英语阅读理解分析研究——以高考英语全国新课标Ⅲ卷为例.英语教师(09),115-119.

[138] 杨翊,赵婷婷.(2018).中国大学生高阶思维能力测试蓝图的构建.清华大学教育研究(05),54-62.

[139] 杨院.(2013).大学生学习模式:缘起、内涵与构建.中国高教研究(09):25-27.

[140] 殷晟恺,金艳.(2022).思辨能力对综合型口语测试表现的影响.外语与外语教学(06),66-77+146-147.

[141] 尹相如,王昆建.(1986).论写作系统.云南社会科学(03),91-97.

[142] 于丽,连吉娥.(2012).MHK考试引导下的新疆少数民族汉语写作教学研究——以新疆医科大学为例.新疆教育学院学报(03),12-16.

[143] 张海云.(2022).大学英语阅读诊断反馈报告应用及评价——以G-DINA模型为例.外语电化教学(02),39-47+117.

[144] 张慧.(2013).民族汉考(MHK)三级写作测试的探讨.双语学习(06).

[145] 张君涵.(2017).谈布鲁姆教育目标分类学在达标性英语考试学习中的应用——以IELTS学术类考试为例.辽宁师专学报(社会科学版)(04),50-51.

[146] 张青根,唐焕丽.(2021).课程学习与本科生批判性思维能力增值——基于2016-2019年"全国本科生能力追踪调查"数据的分析.高等教育研究(08),79-88.

[147] 张青根,沈红.(2018).中国大学教育能提高本科生批判性思维能力吗——基于"2016全国本科生能力测评"的实证研究.中国高教研究(06):69-76.

[148] 赵婷婷,杨翊,刘欧,毛丽阳.(2015).大学生学习成果评价的新途径——EPP(中国)批判性思维能力试测报告.教育研究(09),64-71+118.

[149] 赵晓敏.(2022).基于MHK成绩对比分析本科生汉语能力现状及提升策略——以新疆农业大学食品科学与药学学院为例.产业与科技论坛(24),134-136.

[150] 赵永生,刘毳,赵春梅.(2019).高阶思维能力与项目式教学.高等工程教育研究(06),145-148+179.

[151] 钟志贤.(2004).促进学习者高阶思维发展的教学设计假设.电化教育研究(12),21-28.

[152] 钟志贤.(2006).面向知识时代的教学设计框架——促进学习者发展(pp.72).北京:中国社会科学出版社.

[153] 周海涛.(2008).世界高等教育质量评估发展背景、模式和趋势.教育研究(10),91-95.

[154] 周廷勇.(2009).美国高等教育评估的演变及其新发展.复旦教育论坛(03),21-26.

[155] 朱德全,徐小荣.(2022).教育测量与评价(第2版)(pp.124-149).北京:高等教育出版社.

[156] 朱新秤.(2006).大学生批判性思维培养:意义与策略.华南师范大学学报(社会科学版)(03),123-126+160.

[157] 朱作仁,李志强.(1987).论学生写作能力的结构要素及其发展阶段.教育评论(04),33-37.

[158] 祝新华.(1993).青少年作文能力结构及其发展特点的研究.华东师范大学学报(教育科学版)(03),79-82.